Jochen Heinke

Mit dem Mountainbike
in der Rhön

Jochen Heinke

Mit dem Mountainbike in der Rhön

Ausgewählte Touren durch
das Biosphärenreservat Rhön

Verlag Parzeller

Jochen Heinke ist seit fast 20 Jahren mit dem Mountainbike unterwegs. Seit acht Jahren lebt er in seiner Wahlheimat Rhön. Hier hat er gemeinsam mit der Bayerischen Verwaltung des Biosphärenreservates Rhön und dem Verein Naturpark und Biosphärenreservat Bayerische Rhön das Mountainbike-Routennetz in der Rhön konzipiert und umgesetzt. Als Vorstandsbeauftragter des ADFC Landesverbandes Bayern setzt er sich besonders für Kooperation mit den Wanderverbänden ein. Er ist Mitautor des „Leitfaden Mountainbiking" des ADFC, das Standardwerk für die Planung von Mountainbike-Routen und Kooperationsvereinbarungen.

Weitere Veröffentlichungen:
Mit dem Mountainbike im Land der offenen Fernen (2001)
Radeln zwischen Rhön und Haßberge (2001)
Mountainbike-Routenkarte Rhön (Galli Verlag 2002)

Danksagung:
Dank an den Verein Naturpark und Biosphärenreservat Bayerische Rhön für die professionelle Markierung der Mountainbike-Routen in der Bayerischen Rhön.
Dank der Bayerischen Verwaltung des Biosphärenreservates Rhön für die Überlassung einiger Texte, besonders für das Kapitel RhönNaTour. Sie wurden den entsprechenden Faltblättern des Biosphärenreservates entnommen. Diese Faltblätter sind in den Info-Zentren und in den Info-Wagen auf der Hochrhön kostenlos zu erhalten.
Dank an meinen Freund Klaus Neumann vom RWV Haselbach für einige seiner Superbilder vom Mountainbiking in der Rhön.

ISBN 3 7900 0353 0

© 2003 by Verlag Parzeller, Fulda

Layout: Peter Link

Fotos: Klaus Neumann, Schweinfurt; S. 14, 24, 40, 77, 100, 118, 120; alle anderen Fotos vom Verfasser

Gesamtherstellung:
Parzeller Druck- und Mediendienstleistungen

Inhaltsverzeichnis

**für mehr als 3000 km Tourenbeschreibungen
und vielen Hinweise zur individuellen Tourenplanung**

Seite

Ein paar Worte noch, bevor Sie losfahren 9

Allgemeine Informationen über das
Mountainbike-Routennetz Hohe Rhön 10

Mehr als 1200 km MTB-Routen
in der Mitte Deutschlands 10

Der Weg ist das Ziel – Systematik und Beschilderung 11

Nicht alltäglich:
Mountainbiking in einem Biosphärenreservat 12

Ein paar Hinweise 13

Wir sind nur Gast in der Natur! 14

Wir nehmen Rücksicht auf Wanderer! 15

FAIRständnis in der Rhön 15

Ab Gersfeld, Bad Neustadt, Mellrichstadt und Ostheim vor der Rhön
(1) Rhön NaTour - eine Mehrtagestour mit den
landschaftlichen Höhepunkten der Hohen Rhön 17

Lebensraum Rhön – ein Biosphärenreservat der Unesco . . . 36

Bike and Hike – Mountainbiking und Wandern
sinnvoll miteinander verbinden 37

*Ab Bad Neustadt, Bastheim, Bischofsheim, Burgwallbach, Fladungen,
Gersfeld, Hilders, Mellrichstadt, Oberelsbach, Ostheim, Sondheim,
Wüstensachsen*
(2) Bike & Hike zum Gangolfsberg 37
(3) Bike & Hike zum Schwarzen Moor 41

Ab Bischofsheim, Geroda, Platz Riedenberg, Oberbach
(4) Durch die Schwarzen Berge 45

Ab Bad Brückenau, Riedenberg, Oberbach
**(5) Von Bad Brückenau durch die Schwarzen
Berge zum Kreuzberg** 49

Ab Gersfeld, Bischofsheim
(6) Himmeldunk und Hohe Hölle 51

Ab Gersfeld, Oberweißenbrunn, Bischofsheim
(7) Zum heiligen Berg der Franken 54

Ab Fladungen, Bischofsheim, Oberelsbach, Urspringen, Sondheim, Stetten, Hausen
**(8) Aussichten und Ansichten –
auf zwei Etagen durch die Rhön** 56

Ab Fladungen, Hausen, Stetten
(9) Eisgrabengeschichten 63

Ab Sondheim, Roth, Stetten, Hausen, Urspringen, Fladungen, Oberelsbach, Bischofsheim
(10) Zur Heuernte auf die Lange Rhön 66

Das Land der armen Leute 68

Ab Ostheim v.d. Rhön, Sondheim, Oberelsbach; Bischofsheim; Burgwallbach; Mellrichstadt, Bad Neustadt
(11) Durch das Fränkische Rhönvorland 69

Ab Ehrenberg und Hilders mit den Ortsteilen, Abtsroda
(12) Milseburg und Burgruine Eberstein 72

Ab Ehrenberg und Hilders mit den Ortsteilen
(13) Die Ehrenrunde 76

Ab Fladungen, Frankenheim, Hilders, Wüstensachsen
(14) Eine Dreiländertour 78

Ab Fulda
(15) Auf historischen Wegen von Fulda zum Heidelstein 81

Ab Fulda und Künzell
(16) V on Fulda und Künzell zum
MTB-Routennetz der Hochrhön 85

Ab Fladungen, Hausen, Oberelsbach, Burgwallbach, Schönau,
Bastheim, Mellrichstadt, Bad Neustadt
(17) Hochrhön und Besengau 86

Hüttentouren 89

Ab Bad Neustadt und weiterer an der Route liegende Orte
(18) Zweitagestour ab Bad Neustadt
mit Übernachtung in der Kissinger Hütte 91

Ab Mellrichstadt und weiterer an der Route liegende Orte
(19) Zweitagestour ab Mellrichstadt
mit Übernachtung in der Kissinger Hütte 95

Ab Bad Neustadt, Fladungen, Frankenheim und weiterer an der
Route liegende Orte
(20) Zweitagestour ab Bad Neustadt mit Übernachtung
im Eisenacher Haus am Ellenbogen 98

Ab Gersfeld, Bischofsheim, Geroda, Platz, Burgwallbach, Schönau,
Bastheim, Bad Neustadt, Mellrichstadt, Ostheim, Sondheim, Oberels-
bach, Fladungen, Frankenheim, Hilders, Wüstensachsen
(21) Drei Tage mit Gepäck und Bike
durch die Hochrhön 101

Mountainbike-Marathon: Auf den Mountainbike-
Hauptwegen über die Hohe Rhön 106

Ab Fladungen, Bischofsheim, Oberbach, Riedenberg, Autobahnab-
fahrt Bad Brückenau/Wildflecken, Geroda, Schondra, Schildeck, Bad
Brückenau
(22) Von Fladungen zum Würzburger Haus
und zurück 107

Ab Autobahnabfahrt Bad Brückenau/Wildflecken, Geroda,
Schondra, Schildeck, Bad Brückenau, Bischofsheim, Fladungen,
Riedenberg
(23) Von Geroda zum Schwarzen Moor und zurück 108

Ab Bad Neustadt, Burgwallbach/Schönau, Oberelsbach,
Wüstensachsen, Abtsroda
(24) Auf Mountainbike-Routen über die Hohe Rhön:
Von Bad Neustadt zur Milseburg 110

Ab Ostheim, Sondheim, Oberelsbach, Wüstensachsen, Abtsroda
(25) Auf Mountainbike-Routen über die Hohe Rhön:
Von Ostheim zur Milseburg 112

Nützliche Informationen zur Planung Ihrer
individuellen Touren 114

Mit Bahn, Mountainbike und Gepäck von den Rhöner
Bahnhöfen zu den Orten in der Hohen Rhön 114

Entfernungen auf MTB-Routen ab Bahnhof Gersfeld .. 114

Entfernungen auf den MTB-Routen ab Bad Neustadt-
Brendlorenzen (Feuerwehrhaus) 115

Orts- und Tourenregister, Höhenangaben sowie
Standorte von Mountainbike-Hauptwegweisern 116

Touristische Informationen 118

Fahrradreparatur und Verleih 119

Übernachtungsmöglichkeiten 120

Ein paar Worte noch, bevor Sie losfahren

Mit dem Mountainbike im Land der offenen Fernen . . .
Darum geht es in diesem Buch: Das Landschafts- und Naturerlebnis auf dem Mountainbike und ein paar Informationen über den Lebensraum Rhön. Denn die meisten Mountainbiker, die ich hier getroffen habe, sind mit Leib und Seele Rhönfans, sie lieben ihre Rhön über alles und freuen sich, dass sie hier beim Mountainbiking Natur und Landschaft hautnah erleben dürfen.
Nachdem nun in bald vierjähriger Arbeit das MTB-Routennetz in der Rhön fertiggestellt wurde und noch ein paar mehr Routen dazu kamen als ursprünglich geplant, wurde es Zeit für einen zweiten Band meines MTB-Buches.
Auch mit diesem Buch knüpfe ich wieder an meine Gedanken des ersten Bandes an: Natürlich soll das Natur- und Landschaftserlebnis auf abwechslungsreichen, konditionell und technisch anspruchsvollen Wegen im Vordergrund stehen. Auch sollen die Touren durch die schönsten Landschaften der Rhön führen, doch dabei nicht die teils uralten Orte aussparen, in denen man in urigen Gasthäusern die typischen Rhöner Speisen und Getränke verzehren kann. Und: Dieses Buch soll auch über das Rhöner Brauchtum und die Rhöner Kultur informieren.
Wenn Sie mal hier waren werden Sie mir recht geben: Die Rhön ist kein Gebirge für einen „One-Tour-Stand." Deswegen gibt es in diesem Buch noch mehr Anregungen für Mehrtagestouren, die z. T. als Hüttentouren angelegt sind. Denn es ist in unserem hochtechnisierten Zeitalter mehr denn je spannend, mit seiner Habe für wenige Tage auf dem Rücken, durch die Landschaft zu fahren und dabei nicht zu wissen, wo man die nächste Nacht verbringt.
Ein weiterer Schwerpunkt ist die Kombination Bike & Hike. Denn trotz der Routenmarkierung gibt es Bereiche (und wird es sicher immer geben), die sich nicht für die Befahrung mit dem Mountainbike eignen. Und manches Naturerlebnis lässt sich nun mal auch zu Fuß besser genießen als mit dem Mountainbike.
In diesem Sinne wünsche ich Ihnen auch mit diesem Mountainbike-Buch viel Spass auf den Rhöner Mountainbike-Routen.

Ihr

Jochen Heinke

Allgemeine Informationen über das Mountainbike-Routennetz Hohe Rhön

Mehr als 1200 km MTB-Routen in der Mitte Deutschlands

Vielseitig wie die Rhön sind auch die Möglichkeiten, hier mit dem Mountainbike Natur und Landschaft zu erleben. In der meist offenen Landschaft mit vielen überwältigenden Fernblicken ist es ein besonderer Reiz, bei den Touren in stetem auf- und ab viele Höhenmeter zurückzulegen und doch noch einen Blick für die landschaftlichen Schönheiten zu behalten.

Die offene Kulturlandschaft der Rhön mit vielen Freiflächen entstand durch Rodungen unserer Vorfahren. Sie brachten ihr den Namen „Land der offenen Fernen" ein.

Zentrum des Mountainbike-Routennetzes ist das Hochrhönmassiv mit dem Naturschutzgebiet Lange Rhön. Aus dem waldarmen Hochplateau erheben sich Ellenbogen (820), Stirnberg (899), Heidelstein (926), Himmeldunkberg (894) und Wasserkuppe (950). Heuwiesen, Borstgrasheiden und Moore, dazwischen einzelne Bauminseln, prägen den Charakter der Hochrhön. An den Hängen stehen die Buchenwälder, die sich bis in die Tallagen erstrecken.

Auch das Kreuzberg-Gebiet südlich von Bischofsheim am höchsten Berg der Bayerischen Rhön (928) ist ein „Super-Revier" für Mountainbiker: Von Bad Neustadt und den Orten im Brendtal geht es durch den „Salzforst", hinauf auf den heiligen Berg der Franken oder in die südliche Rhön, in das Gebiet der „Schwarzen Berge" mit seinen typischen Hochweiden, die ein wenig an das Allgäu erinnern. Mountainbikern, die abseits der großen touristischen Ströme in Ruhe biken wollen, sei das Gebiet östlich der Hochrhön im fränkischen Vorland empfohlen. Hier kommt man auf der Tour auch durch die schönen alten Fachwerkdörfer die, zum Teil von Streuobstwiesen umgeben, für die fränkische Rhön so typisch sind.

Das hessische Rhönvorland, auch „Kuppige Rhön" genannt ist durch viele Basaltkuppen und einzelne Weiler mit Weideviehhaltung geprägt. Hier ist man auf seiner Tour fast nie alleine, denn hier wird man genauestens von den Kühen und Weideochsen beäugt. In der hessischen Rhön gibt es im Einzugsbereich der Hochrhön bis in das Rhönvorland markierte MTB-Routen in den Orten Gersfeld, Ehrenberg und Hilders. Westlichster Punkt des Routennetzes ist die sagenumwobene Milseburg vor den Toren Fuldas.

Der Weg ist das Ziel –
Systematik und Beschilderung

Das Mountainbike-Netz in der Rhön besteht aus verschiedenen Routen, die Orte in der bayerischen mit solchen in der hessischen oder thüringischen Rhön miteinander verbinden und zumeist die Rhön überqueren. Die beiden Hauptrouten laufen in Nord-Süd-Richtung parallel über die Höhen der Rhön. Sie beginnen im Norden am Ellenbogen bzw. am Schwarzen Moor, führen nach Bischofsheim an der Rhön und von dort zum Würzburger Haus in den Schwarzen Bergen. Hier besteht übrigens der Anschluss an drei Radwanderwege, die das Netz von Bad Brückenau im Sinntal und der Autobahn A 7 her erschließen.

Durch die selbsterklärende Beschilderung der Mountainbike-Routen in beide Richtungen ergeben sich vielfältige Kombinationsmöglichkeiten. Man kann so problemlos selbst seine Rundtouren planen und diese auch unterwegs noch problemlos verändern.

West	Schwarzes Moor 15 km
weg	Schornhecke 3 km

*Haupt- und
Zwischenwegweiser
im MTB-Routennetz der
Hohen Rhön*

Die markierten Routen ermöglichen, alle Strecken zusammenge-
rechnet, Mountainbiking auf mehr als 1200 km. An allen Kno-
tenpunkten der MTB-Routen untereinander (manchmal auch
mit den Radwanderwegen) – insgesamt mehr als 100 – stehen
Hauptwegweiser, auf denen Ziel- und Entfernungsangaben sowie
das Mountainbike-Symbol mit Blockpfeil enthalten sind.
Übrigens sind alle Knotenpunkte der Mountainbike-Routen, dort
wo die Hauptwegweiser hängen, mit einer Nummer versehen.
Bei einem eventuellen Unfall lässt sich so die Unfallstelle besser
bezeichnen und die Bergwacht bzw. andere Hilfsdienste finden
schneller zur Unfallstelle. Notrufnummer 1 92 22

Nicht alltäglich:
Mountainbiking in einem Biosphärenreservat

Für manche ist es ein Widerspruch: Mountainbiking in einem
Biosphärenreservat! Doch was soll dagegen sprechen, wenn man
auf markierten Wegen fährt, dort, wo auch Wanderer laufen. Dies
war Konsens in einer Arbeitsgruppe bei der Bayerischen Verwaltung des Biosphärenreservates Rhön. Dort musste man sich mit
Lenkungsmaßnahmen im Naturschutzgebiet Lange Rhön befas-
sen, einem der schützenswertesten Gebiete der Rhön überhaupt.

Drei Gründe machten die Lenkungsmaßnahmen nötig:
• Rechtssicherheit für Mountainbiker, denn laut Naturschutz-
  satzung war das Fahrrad fahren dort nicht erlaubt

- Die Schaffung von Ruhe- und Rückzugsflächen für die Natur
- Die Minimierung von Begegnungskonflikten zwischen Wanderern und Mountainbikern

Dazu musste zunächst ein Mountainbike-Konzept erstellt werden und eine Ausnahmegenehmigung bei der Naturschutzbehörde beantragt werden. An der Planung und Durchführung des Konzeptes waren der **Allgemeine Deutschen Fahrrad Club e. V. (ADFC)** und örtliche Mountainbike-Vereine beteiligt. Im Dezember 1999 wurde dem Antragsteller **ADFC Rhön-Grabfeld e. V.** unter bestimmten Auflagen die Genehmigung zur Befahrung einiger Wege mit dem Mountainbike im Naturschutzgebiet Lange Rhön erteilt. Die Auflagen sehen vor, dass die zu markierenden speziellen Mountainbikerouten im Naturschutzgebiet von den Mountainbikern bindend eingehalten werden und auf den gemeinsam genutzten Wegen besondere Rücksicht auf Wanderer genommen wird.

Ein paar Hinweise:

Im den Naturschutzgebieten ist das Mountainbiking nicht auf allen Wegen, sondern nur auf den mit dem Mountainbike-Zeichen markierten erlaubt. Beachteten Sie deswegen auch die Hinweisschilder, die an allen in die Naturschutzgebiete hineinführenden Wegen stehen. Wenn Sie außerhalb der NSG andere Wege als die markierten MTB-Routen nutzen, gelten die entsprechenden Landesgesetze zum Radfahren im Wald und in der freien Landschaft. Wichtig: Bei Fußpfaden (Singletrails) sollte man davon ausgehen, dass diese, wenn sie auch durch Fußgänger genutzt werden (erkennbar am Wanderzeichen), u. U. nicht zum Mountainbiking freigegeben sind.
Die Benutzung der markierten Mountainbike-Routen erfolgt auf eigene Gefahr. Die Träger der Beschilderung bzw. die Grundstücksbesitzer übernehmen keinerlei Haftung für eventuelle Unfälle! Die Routen verlaufen zumeist auf Wirtschaftswegen und unterliegen keinen besonderen, auf das Fahrradfahren abgestellten Instandhaltungsmaßnahmen. Es ist deswegen jederzeit mit wege- und aktivitätsüblichen Gefahren, z. B. losen Steinen, Ästen, Schlaglöchern, Baumstämmen, Geländestufen und geschlossenen Schranken sowie Forstarbeiten auf und an den Wegen zu rechnen.

Die Ausweisung, Beschreibung und Unterhaltung der markierten Strecken erhebt keinen Anspruch auf Vollständigkeit. Die Kilometer- und Höhenangaben sind zwar sorgfältig ermittelt worden, doch können sich durch die unterschiedlichen Tachos, aber auch durch nachträgliche Änderungen des Wegeverlaufs, Differenzen ergeben. Beim Erstellen und Abbilden der Höhenprofile wurde Wert auf Vergleichbarkeit gelegt. Die genauen Höhenangaben sind zusätzlich in den tabellarischen Streckenbeschreibungen enthalten.

Wir sind nur Gast in der Natur!

- Betrachtet das Mountainbike nicht nur als Sportgerät, sondern nutzt es, um rücksichtsvoll und bewusst in der Natur unterwegs zu sein und mit ihm die Schönheiten der Landschaft und der Natur „zu erfahren."
- Unsere Wege sind in der Regel zur Bewirtschaftung von Forst und Landwirtschaft angelegt. Fahrt deswegen vorausschauend und mit angepasster Geschwindigkeit, damit ihr im Notfall rechtzeitig reagieren und stets innerhalb der halben zu überschauenden Wegstrecke zum Stehen kommen könnt.
- Hinterlasst keine Spuren eurer Anwesenheit – weder durch Lärm oder Müll noch durch Spurrillen blockierender Reifen.

- Fußgänger haben immer Vorrang. Macht euch ihnen gegenüber rechtzeitig bemerkbar, fahrt langsam an ihnen vorbei und haltet genügenden Abstand! Ein freundlicher Gruß ist nicht nur eine Form der Höflichkeit.
- In den frühen Morgenstunden und späten Abendstunden ist das Wild am aktivsten. Um Störungen zu vermeiden, die sich auf das Verhalten der Waldtiere auswirken, fahrt bitte in dieser Zeit nicht mit dem Bike im Wald.
- Fahrt nur mit einem technisch einwandfreien Bike. Überprüft vor jeder Fahrt insbesondere Bremsen und Schaltung und ob ihr einen Ersatzschlauch und die Luftpumpe dabei habt.

Die Vereinbarung FAIRständnis in der Rhön, auf Initiative des ADFC 1999 zwischen den Mountainbikern in der Rhön und dem Rhönklub geschlossen

1. Fair miteinander umgehen

Freundlichkeit und gegenseitige Rücksichtnahme sind Voraussetzungen für den richtigen Umgang miteinander. Selbstverständlich halten sich alle an gesetzliche Vorschriften und an die vor Ort gültigen Regelungen. Auch die Ansprüche der einheimischen Bevölkerung werden von Mountainbikern und Wanderern respektiert.

2. Dem Schwächeren Vortritt lassen

Am Berg gilt das Vorrecht des Schwächeren. Mountainbiker fahren immer mit angemessener Geschwindigkeit und in ausreichendem Abstand an Wanderern, Hunden und Mitradlern vorbei. Wo sich Kinder auf den Wegen befinden, gilt immer Schritttempo!

3. Zeichen geben

Freundliche Deutlichkeit hilft Unfälle und Konflikte zu vermeiden. Wanderer und Mountainbiker nehmen am besten Blickkontakt auf und verständigen sich durch Zeichen. Nähert sich ein Mountainbiker einem Fußgänger offensichtlich unbemerkt, macht er durch einen freundlichen Gruß oder ein Klingelsignal auf sich aufmerksam. Mountainbiker fahren erst vorbei, wenn der Wanderer zu verstehen gibt, dass er auf den

Überholvorgang gefasst ist. Wanderer machen solchen Mountainbikern gerne Platz zur Vorbeifahrt.

4. Natur und Umwelt schützen

Der Bergstiefel und das Fahrrad zählen bekanntlich zu den umweltfreundlichsten „Sportgeräten". Es liegt in der Verantwortung von Wanderern und Mountainbikern, sie auch so einzusetzen, dass der Natur Vorrang eingeräumt wird.

5. Auf den Wegen bleiben

Wanderer und Mountainbiker halten sich an die Wege. Wanderer suchen immer den naturschonendsten Aufstieg zum Gipfel. Mountainbiker halten sich an das gesetzliche Wegegebot. Ungeeignete Wege sind für Mountainbiker tabu. Wo man mit dem Mountainbike nur auf ungeeigneten Wegen hinkommen kann, sollte man es abstellen und zu Fuß weiter wandern.

6. Nur tagsüber unterwegs sein

In Dämmerungs- und Nachtstunden haben Wildtiere ein Recht auf ihre Ruhe. Eine sorgfältige Zeitplanung von Wander- und Mountainbiketouren ist deshalb wichtig, damit die Tour vor Einbruch der Dämmerung beendet sein kann.

7. Mit dem Rad oder dem Öffentlichen Personen Nahverkehr (ÖPNV) anreisen

Das Auto sollte, wo es möglich ist, zu Hause gelassen werden. Der Ausgangspunkt zur Mountainbike - oder Wandertour kann in vielen Fällen leicht auf zwei Rädern oder mit dem öffentlichen Personennahverkehr erreicht werden (Rhönbahn, Hochrhönbus).

(1) Rhön NaTour

Eine Tour mit landschaftlichen Höhepunkten der Hohen Rhön

Keine Frage: Schön ist es, mit dem Mountainbike durch die Rhön zu fahren und dabei Landschaft und Natur zu genießen. Doch noch schöner ist, wenn man dabei noch etwas über die Besonderheiten seiner Lieblingsgegend erfährt. Meine Rhön-NaTour soll Ihnen dabei helfen. Bei dieser Tour durch die Hochrhön und den „unbekannten Osten" der Rhön erfahren Sie alles über die naturkundlichen und kulturhistorischen Besonderheiten am Wegesrand. Und wo man mit dem Bike nicht mehr hinfahren kann (darf), können Sie es bei „Bike & Hike"- Gasthöfen abstellen und auf den nahe gelegenen Lehrpfaden „Hiken". Und um das Naturerlebnis noch zu steigern, können Sie auch das Auto zu

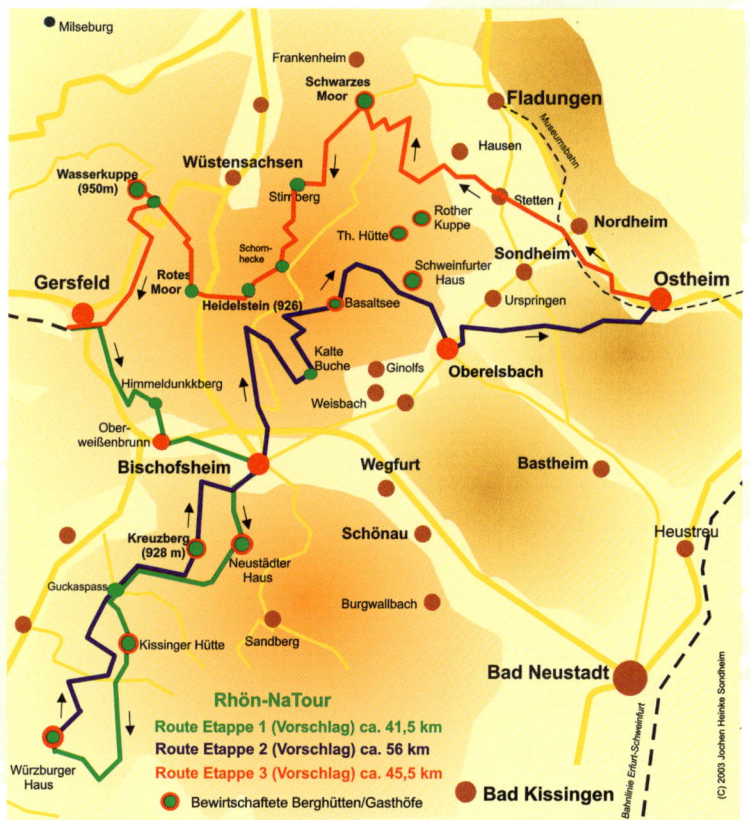

Hause lassen und über Fulda mit der Rhönbahn nach Gersfeld fahren. Wie man von den beiden anderen Rhöner Bahnhöfen, Bad Neustadt und Mellrichstadt in die Tour einsteigen kann, verrate ich am Ende der Beschreibung. Wo Sie die Tour unterbrechen und übernachten, entscheiden Sie am besten selbst. Die Anschriften und Telefonnummern der infrage kommenden Gasthöfe und Hütten finden Sie am Ende des Buches.

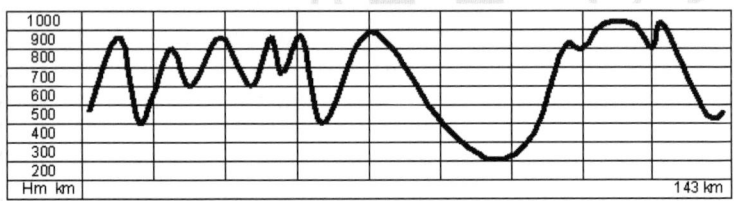

Ausgangsort der Tourenbeschreibung	Gersfeld Bahnhof
Weitere mögliche Ausgangsorte	Bad Neustadt, Mellrichstadt, Ostheim vor der Rhön, und ab Autobahnaus fahrt Bad Brückenau-Wildflecken der A 7 (Geroda)
Streckenlänge	Ca. 142,5 km
Kumulierte Höhendifferenzen	Ca. 4000 Hm
Schwierigkeiten:	Keine besonderen fahrtechnischen Anforderungen, doch z. T. starke Steigungen
Wegeverhältnisse:	Asphalt, Schotter, Natur- und Wiesenwege
Einkehr- und Übernachtungsmöglichkeiten	In allen Orten am Weg und: Neustädter Haus (Ü), Kissinger Hütte (Ü), Würzburger Haus (Ü), Holzberghof (Ü), Basaltsee (E), Schweinfurter Haus (Ü), Rhönhof (E), Sennhütte (Ü), Eisenacher Haus (Ü), Wasserkuppe (Ü)

Interessantes am Weg	Schwarzbachtal, Mittelhut, Kalte Buche, Basaltsee, Elsbachtal, Naturwaldreservat Gangolfsberg, Haus der Langen Rhön in Oberelsbach, Ostheimer Warte, Ostheim, Nordheim, Stetten, Burgruine Hillenberg, Eisgraben, Schwarzes Moor, Schwedenwall am Salkenberg, Fladungen, Rotes Moor	
Karte	Mountainbike-Routenkarte Rhön des Galli-Verlages	
Markierungen	Mountainbike-Routennetz	
0	Bahnhof Gersfeld (488 m)	Richtung Kreuzberg bis Himmeldunkberg
6	Himmeldunkberg (886 m)	Westweg nach Bischofsheim
14,5	Bischofsheim (432 m) (E/Ü)	Ostweg Richtung Würzburger Haus bis zum Neustädter Haus
22,5	Neustädter Haus (750 m)(E/Ü)	Ostweg zum Würzburger Haus
28	Guckaspass (660 m)	Ostweg zum Würzburger Haus
32	Kissinger Hütte (832 m)(E/Ü)	Ostweg zum Würzburger Haus
41,5	Würzburger Haus (785 m) (E/Ü)	Westweg nach Bischofsheim

Die Tour beginnt am Bahnhof in Gersfeld. Hier wählen Sie die MTB-Route Richtung Kreuzberg. Obwohl asphaltiert, gibt der Weg nach Rodenbach schon einen kleinen Vorgeschmack auf künftige Strapazen. Durch den kleinen Ort geht es, danach auf

einem reizvollen Wirtschaftsweg durch Weiden, vorbei am Fuldaer Haus, zu einem Parkplatz und schließlich durch Wald zum Himmeldunkberg.

Der Himmeldunkberg ist ein wichtiges Bindeglied im Höhenzug der Rhön zwischen den „Schwarzen Bergen" im Süden und der „Langen Rhön" im Norden. U.a. mit großflächig zusammenhängenden Borstgrasrasen und einem bedeutenden Vorkommen seltener Vogelarten (u.a. Raubwürger, Neuntöter). Derzeit läuft ein Verfahren zur Ausweisung des Gebietes als Naturschutzgebiet.

In rasanter Schussfahrt, doch mit der entsprechenden Rücksicht auf etwaige Wanderer und andere Mountainbiker, geht es am felsigen Rockenstein vorbei nach Bischofsheim (km 14,5). Am dortigen Zentralparkplatz beginnt der südliche Abschnitt des Ostweges, dem man in Richtung Würzburger Haus folgt. Zunächst fährt man auf dem asphaltierten Radweg, doch am Ortsende von Unterweißenbrunn wird er verlassen und es geht auf der Unterweißenbrunner Trift steil bergan. Hier sollte man auch mal anhalten und den Blick zurück genießen, denn im Gebiet von Bischofsheim ist die Landschaft von Hecken gegliedert, die hier ein einmaliges Landschaftsbild schaffen.

Heckenlandschaften in der Rhön

Hecken sind keine natürlichen Bestandteile unserer Landschaft. Ihre Entstehung und ihr Formenreichtum verdanken sie dem Menschen. Charakteristisch für die Rhön sind die sogenannten Lesesteinhecken, die sich hier auf den angehäuften Basaltsteinen an den Rändern der Felder bzw. als Inseln entwickeln konnten. Wie kaum ein anderer Lebensraum bieten Hecken eine Vielfalt von Lebensbedingungen auf engstem Raum und sind deswegen besonders wertvoll für eine artenreiche Tier- und Pflanzenwelt. Sie sind der Lebensraum für viele Vogelarten, Schmetterlinge und Käfer. Auch sind Hecken die letzte Rückzugsfläche für viele Pflanzenarten, die auf intensiv genutzten landwirtschaftlichen Flächen nicht mehr leben können.

Wenn nach alten Traditionen verfahren wird, sind Hecken auch deshalb so beachtenswert, weil damit das Prinzip der Mittelwaldbewirtschaftung fortgeführt wird. Die Hecke wird im Abstand einiger Jahre „auf den Stock gesetzt". Das dabei gewonnene Holz kann als Brennholz genutzt werden. Einige Bäume jedoch werden nicht angetastet. Sie sollen heranwachsen, damit ihr Holz als Bauholz Verwendung finden kann. Ausgedehnte Heckenbestände findet man bei Bischofsheim besonders am Südhang des Bauersberges.

Bis zum Neustädter Haus (km 22,5) wechseln jetzt Wegbeschaffenheit und Steigungen. Auf Forstwirtschaftswegen geht es vom Neustädter Haus weiter in Richtung Würzburger Haus zum Guckaspass und danach zur Kissinger Hütte (km 32).

Die weitere Strecke zum Würzburger Haus verläuft über den Todnansberg und zunächst durch dichten Wald. In der Nähe der Platzer Kuppe wird der Weg dann wieder von reizvollen Bergweiden gesäumt. Der Wald mit vielen Hutebuchen tritt zurück und gibt den Blick frei auf die Landschaft der südöstlichen Rhön. Wer noch mehr sehen will, kann einen kurzen Abstecher auf die Platzer Kuppe machen.

Diese sogenannten „Hutebuchen" dienten früher auch dem Zweck, Bucheckern als Viehfutter zu produzieren. Die weiten Pflanzabstände führten zu dicken, kurzen Stämmen und breiten Kronen. Erst nachdem der „bodennahe Luftraum" gänzlich ausgefüllt war, begannen die Buchen, in die Höhe zu streben.

41,5	Würzburger Haus (785 m) (E/Ü)	Westweg nach Bischofsheim
50	Guckaspass (660 m)	Westweg nach Bischofsheim
55	Kreuzberg (858 m)(E/Ü)	Westweg nach Bischofsheim
62,5	Bischofsheim (432 m) (E/Ü)	Ostweg bis zum Basaltsee

Am Würzburger Haus (41,5 km) beginnt die Westvariante der beiden südlichen Hauptrouten. Auf Asphalt geht es ein schmales Teersträßchen bergab. Doch gerade wenn man es so richtig laufen lassen möchte, zweigt der Weg nach einer scharfen Linkskurve rechts ab. Hier beginnt nun ein unvergleichlich schöner Aussichtsweg durch die parkartige Bergweidelandschaft der Schwarzen Berge.

Bergheuwiesen – Farbtupfer der Rhön

Im Frühsommer bedeckt ein bunter Blütenteppich das Naturschutzgebiet „Schwarze Berge". Seine Vielfalt und Größe wird bestenfalls von den Bergwiesen im Alpenraum übertroffen. Wie in den Alpen, so kennzeichnen auch hier häufige Niederschläge und niedrige Temperaturen das Klima dieser Mittelgebirgslandschaft. Durch regelmäßige Mahd entwickelten sich Wiesentypen, die sich durch eine besondere Artenvielfalt auszeichnen. Am meisten verbreitet sind „Storchschnabel-Goldhafer-Wiesen".
Sie haben ihren Namen vom violetten Waldstorchschnabel und vom Goldhafer. Diese Pflanzenarten prägen das Erscheinungsbild der Wiesen im Frühommer. Die besondere Qualität der Bergwiesen zeigen Kugelige Teufelskralle, Weicher Pippau und zahlreiche Orchideenarten an. Nur durch eine extensive Nutzung lassen sich diese Wiesen mit ihrer charakteristischen Artenzusammensetzung erhalten. Bei einer intensiven Nutzung mit häufigem Schnitt und Mineral- oder Gülledüngung würden viele dieser empfindlichen Arten von schnellwachsenden Gräsern und Kräutern verdrängt werden. Die Storchschnabel-Goldhafer-Wiesen werden auch heute nur ab und zu mit Festmist ge-

düngt. Die Mahd erfolgt nach der Hauptblüte ab Mitte Juni zur Heu-
ge-winnung. So können viele Samen ausreifen und den Fortbestand der
Artenvielfalt sichern.

Nach der Überquerung der Straße von Oberbach nach Gefäll
fährt man durch einen aufgelassenen Basaltsteinbruch. Unter-
halb befindet sich das Naturwaldreservat Lösershag, in dem das
Mountainbike tabu ist.
Ca. einen Kilometer danach vereinen sich – und knapp zwei Ki-
lometer nach dem Guckaspass trennen sich – Ost- und Westweg.
Unsere Westroute führt direkt in den Biergarten des Klosters
Kreuzberg (km 55). Im Bereich des Kreuzberges sind viele Wan-
derer unterwegs. Bitte Rücksicht nehmen.
Vom Kreuzberg verläuft die Route zunächst gemeinsam mit dem
Wanderweg bis zur Einmündung der Straße von Wildflecken.
Hier blicken wir auf die Kalkmagerrasenhänge des Arnsberges.

Kalkmagerrasen prägen das Landschaftsbild der Rhön

Kalkmagerrasen sind nährstoffarme, ungedüngte Wiesen und Weiden
auf basenreichen Böden. In der Rhön finden sie sich immer dort, wo
der Muschelkalk zu Tage tritt. Die Kalkmagerrasen der Rhön entstan-
den durch menschliche Nutzung, als u.a. zur Gewinnung von Weide-
und Mähflächen für Rinder und Schafe die Wälder gerodet wurden. Ei-
nige sind auch durch Waldweide entstanden, wobei die Weidetiere
durch Verbiss die Waldverjüngung unterdrückten und so den Wald
immer mehr auflichteten, bis sich offene Weidelandschaften bilden
konnten.
Durch den hohen Artenreichtum und die Vielzahl seltener und ge-
fährdeter Pflanzenarten, darunter zahlreiche Orchideen, gehören Kalk-
magerrasen zu den reizvollsten Vegetationstypen Mitteleuropas. Auch
aus faunistischer Sicht besitzen sie einen hohen Naturschutzwert. Sie
sind hinsichtlich der Artenzahl sowie des Vorkommens seltener und
bedrohter Tierarten wichtige Lebensräume.

An dieser Kreuzung zweigt die MTB-Route in das Ferienwohngebiet Haselbach ab und geht nach den letzten Häusern in einen
Forstwirtschaftsweg über, der an den Sprungschanzen vorbei
steil hinunter nach Bischofsheim zum Zentralparkplatz führt
(62,5 km).

62,5	**Bis**chofsheim Zentralparkplatz	Ostweg bis zum Basaltsee
72	Mittelhut (833 m)	Ostweg bis zum Basaltsee
77,5	Basaltsee (715 m) (E)	Ostweg bis zum Schweinfurter Haus
82,5	Schweinfurter Haus (570 m) (E/Ü)	Richtung Oberelsbach
87,5	Oberelsbach (415 m) (E/Ü)	Richtung Ostheim
92	Hundsrücken (418 m)	Richtung Ostheim
97,5	Ostheim (294 m)(E/Ü)	Radfernweg Rhön-Sinn-tal-Streutal bis Nordheim Holzhandlung (BM)

Weiter geht es nun wieder mit dem Ostweg: Jetzt mit der nördli-chen Spange in Richtung Schwarzes Moor. Auf einem an-spruchsvollen Weg fährt man durch das Schwarzbachtal hinauf zum Holzberghof.

Der Holzberghof

*Im Jahre **1502** gab es auf dem Holzberg eine Eisenschmelze, wo in der Rhön im Tagbau gefördertes Eisenerz zu Gusseisen geschmolzen wurde. **1512** bis **1591** wurde hier auch eine Glashütte betrieben. Über dem Seiteneingang des Gebäudes zeigen die Jahreszahl **1614** und das Wappen des Würzburger Fürstbischofs Julius Echter Zeit der Erbauung und den Erbauer des Jagdschlosses an. Nach vielen Besitzwechseln erhielt es **1910** seine zwei Türmchen, die ihm sein heutiges Aussehen geben.*

Nun fährt man zur Mittelhut auf dem Bauersbergplateau. Hier befindet sich nach dem kleinen Wäldchen gleich links am Wegrand eine Rastgelegenheit und auf einer Schautafel erfährt man einiges über die Mittelhut.

Die Mittelhut

Auf den Basalthochlagen der Rhön haben sich durch lange landwirtschaftliche Nutzung magere Borstgrasrasen in großer Ausdehnung entwickelt. Die Mittelhut ist die alte, ehemalige Jungviehweide von Weisbach in der Marktgemeinde Oberelsbach. Sie umfasst allein etwa 140 Hektar zusammenhängende Weidefläche aus Borstgrasrasen mit eingestreuten sumpfigen Niedermoorbereichen. Früher weideten hier Jungrinder. Seit den 70er Jahren, als die Weiderindhaltung aufgegeben werden musste, werden hier Schafe gehütet.
Unter dem geringeren Weidedruck der anfangs zu wenigen Schafe entwickelten sich die einstmals kurzgefressenen Borstgrasrasen bald zu bultenreichen Rasenschmielenbeständen. Die ursprünglich blütenreichen Borstgrasrasen mit so typischen Pflanzenarten wie der Arnika wurden durch die hochwüchsigen Gräser (u.a. Rasenschmiele und Bergrispengras) mehr und mehr verdrängt.
Eine Wende ergab sich, als das Interesse an der Schafhaltung durch den Wiederaufbau von Rhönschafherden Ende der 80er Jahre, initiiert durch den Bund Naturschutz Bayern e.V., wieder zunahm.
Die Weidegemeinschaft Rhönschaf aus Oberelsbach-Ginolfs nahm sich der unterbeweideten Hutung an und begann, sie wieder weidefähig zu machen. Unterstützt durch europäische Fördermittel, begann ab dem Jahr 1994 die systematische Instandsetzung der Borstgrasrasen.

Gleich nach der Weiterfahrt am Rande des großen Weidegebietes stehen weitere interessante Infotafeln, z. B. über die Entstehung der Rhön. Am darauffolgenden Hauptwegweiser sollte man wegen der schönen Aussicht einen Abstecher zur Kalten Buche machen (Richtung Wegfurt ca. 500 m). Danach geht es zurück und man fährt nun auf einem herrlichen, aber kräftezehrenden Wiesenweg am Rande der Mittelhut zum Basaltsee (km 77,5).

Das „Steinerne Meer"

Das Basaltseegebiet, früher „Steinernes Meer" genannt, war eines der schönsten der ganzen Rhön. Hier traten 5 und 6-kantige Basaltsäulen zutage. Leider wurden diese, obwohl im Naturschutzgebiet gelegen, in den 50er Jahren abgebaut. Doch auch heute ist das Gelände wieder, selbst im NSG, vom Abbau bedroht. Hier, wo vor einigen Jahren selbst das Mountainbiking auf breiten Wegen verboten war, werden sich, wenn nicht ein Wunder geschieht, demnächst Bagger in die Landschaft fressen, wird die Gegend bis hin zum Heidelstein vom Lärm des Basaltwerkes erfüllt werden. Geld - und Kurzsichtigkeit – regiert die Welt, diese Weisheit macht auch vor der Rhön nicht halt. Kurzsichtige Politiker verkaufen wegen ein paar Arbeitsplätzen und unwägbarer Gewerbsteuereinnahmen ihre Heimat. Ausverkauf der Natur – sie wird verschandelt und ein wertvolles Gebiet für die Erholungssuchenden wird zerstört. Doch noch ist es hier ruhig, man kann den Basaltsee genießen und an der dahinterliegenden Wand noch ein paar Basaltsäulen entdecken.

Vom Basaltsee geht es vorbei an einem einsamen Haus, in dem früher die Rhönmalerin Spitzner-Schlanze wohnte (diese Stelle nennt man heute „Rhönfee" oder auch „Rhönhexe"), durch das Naturwaldreservat Elsbachtal zum Schweinfurter Haus (82,5 km), wo man sein Bike deponieren und im Rahmen einer Hike-Tour auf dem Lehrpfad die Besonderheiten des Gangolfsberges erkunden kann (siehe Bike & Hike zum Gangolfsberg).

Die Werinfriedesburg

Auf dem Gipfel des Gangolfsberges, in 737 m Höhe, 200 m steil über dem Elsbach und rund 400 m über dem Rhönvorland, befinden sich Überreste der Werinfriedesburg mit einem zweiteiligen Ringwallsystem in einer Ausdehnung von 400 x 150 m. Sie stammt aus der Völkerwanderungszeit und der späteren Merowingerzeit. Sehenswert ist ein

noch gut erhaltenes Zangentor, das zusätzlich durch eine an das Tor anschließende Terrasse mit vorgelegtem Graben geschützt ist.

Der Rundwanderweg führt durch die Burganlage zum Südwestabhang des Gangolfsberges mit seinen sehenswerten „Naturdenkmälern". Hier kann man eines der herrlichsten Basaltvorkommen der ganzen Rhön bewundern. Besonders sehenswert sind jedoch die beiden Basaltwände: In einer der beiden „wachsen" liegende Basaltsäulen aus dem Berg heraus und zeigen sich in einem Bild wie Bienenwaben. Die andere Wand wird aus stehenden Säulen gebildet, die wie ein gotischer Dom in den Himmel ragen.
Ab dem Schweinfurter Haus wählen wir die Zielroute nach Oberelsbach. Eine Pause ist auch dort angesagt: Zum Besuch des Info-Zentrums „Haus der Langen Rhön":

Im Haus der Langen Rhön gibt es viel zu entdecken, egal ob für Urlaubsziele, die Kulturlandschaft, die Naturschönheiten oder für nachhaltige Entwicklungen im Unesco-Biosphärenreservat Rhön. Erfahren Sie, was die anderen weltweit 400 Biosphärenreservate mit der Rhön gemeinsam haben. Hier gibt es auch Wechselausstellungen zu aktuellen Themen in der Rhön.

Weiter geht es auf der MTB-Route Richtung Ostheim. Auf dieser Strecke fuhr bis 1899 die Postkutsche.

Auf der Reise im Jahre 1830 von Weimar nach Frankfurt mit der Postkutsche fuhr die Gräfin von Pappenheim entlang der Ostrhön. Sie schrieb in ihr Tagebuch: „Unsere Rückreise führte uns durch die Rhön, wohl die ärmste Gegend des Frankenlandes. Wir beobachteten Frauen vor Pflug und Wagen aus Mangel an Zugtieren".

Über die kleinräumige Kalkmagerasenlandschaft des Hundsrückens fährt man nun Ostheim entgegen. Nachdem zwei Kreisstraßen passiert wurden geht es nach einem Parkplatz in den Ostheimer Stadtwald, steil hinauf zur Ostheimer Warte und weiter zum ehemaligen Sachsen-Meiningischen Amtsstädtchen Ostheim (97,5 km).

Ostheim

besitzt ein gut erhaltenes mittelalterliches Ortsbild. Überragt wird es von den hohen Türmen seiner Kirchenburg und auf der nördlichen Höhe von der mächtigen Ruine der Lichtenburg. Der Ort wird erstmals in einer Urkunde vom 6.6.804 erwähnt. 1586 bekommt er das Marktrecht, 1596 wird er „Stadt" genannt. Ostheim war bis in die jüngste Zeit hinein thüringische Exklave: 1945 wurde es unter bayerische Verwaltung gestellt und durch den Grundlagenvertrag zwischen der BRD und der DDR kam es zu Bayern.
Ostheims Kirchenburg ist in der Mächtigkeit ihrer Anlage einmalig in ganz Deutschland. Den Kirchenhügel umzieht ein doppelter Mauerring, der 5 mächtige Türme - jeder in anderer Gestalt - enthält. Die Lichtenburg liegt 2 km nördlich der Stadt auf der Höhe (482 m), und ist durch eine Fahrstraße mit Ostheim verbunden.

Im weiteren Verlauf des Weges fährt man nun ein paar Kilometer auf dem Streutalradweg flussaufwärts. Auf ihn trifft man an der Brückenmühle. Er ist mit einem roten Fahrradsymbol und der entsprechenden Aufschrift markiert. Es geht zunächst bis zum ebenfalls sehr sehenswerten Städtchen Nordheim. (102 km)

97,5	**Ostheim (294 m) (E/Ü)**	Radfernweg Rhön-Sinn-tal-Streutal bis Nordheim Holzhandlung (BM)
102,5	**Nordheim Holzhandlung**	Unmarkierter Wirt-schaftsweg nach Stetten
106	Stetten Alter Hausener Weg (410 m)	MTB-Route Richtung Wüstensachsen
110	**Hillenberg (650 m)**	Hauptroute Ost Richtung Schwarzes Moor
116	**Schwarzes Moor (786 m) (E/Ü)**	Westweg bis Rotes Moor

Nordheim

gehört zu den altertümlichsten Orten des oberen Streutales. Schon zur Zeit der fränkischen Landnahme entstanden, wird das Dorf im Jahre 774 in Fuldaer Schenkungsurkunden erstmals genannt. Eine steinerne Brücke aus dem Jahre 1619 spannt ihre drei Bogen über die Streu; schützend steht auf ihr der barocke Brückenheilige Johannes v. Nepomuk. Das ehemalige Wirtshaus gleich daneben (1671) ist heute Rathaus. Fast vollkommen erhalten ist auch die Mauer, die den ganzen Ort umzieht, während von den früheren vier Toren nur noch das untere steht. Die auf einem Hügel über dem Dorf gelegene kath. Pfarrkirche bietet zusammen mit dem wuchtigen Rundturm der einstigen Kirchenfestung ein überaus malerisches Bild.

Unverständlicherweise lassen die Nordheimer den Radweg an ihrem schönen Dorf vorbeilaufen. Deshalb sollte man am Bahnübergang rechts auf die Straße einbiegen und in den Ort fahren. Danach geht es zurück bis zu den Bahngleisen, wo man wieder auf den Radweg trifft und rechts einbiegend am Bahnhofsgebäude vorbei fährt. Mit dem Radweg geht es an einer Holzhandlung (BM) vorbei. Nach dem Verwaltungsgebäude verlässt man den Radweg (er biegt hier rechts ab) und fährt geradeaus, direkt auf die Hochrhön zu. Der Weg ist mit einem blauen Wanderzeichen in Form einer Schlinge markiert und führt nach Stetten (106 km), einem ebenfalls sehr alten Ort mit vielen Fachwerkhäusern. Am Gasthaus Linde trifft man auf das blaue Zeichen des Radfernweges, dem man nach rechts folgt. Im Alten Hausener Weg, ca. 200 m nach dem Schützenhaus, beginnt die MTB-Zielroute nach Wüstensachsen.

Auf ihr fährt man nun wieder hinauf zur Hochrhön: Vorbei an der „Großen Hut" (auf der u.a. rund 50 Kirschbäume stehen), vorbei an uralten Apfel- und Birnbäumen, vorbei an riesigen Hutebuchen, die rechts vom Weg etwas verborgen am Waldrand stehen, geht es nun auf einem der ältesten „Verkehrswege" über die Hohe Rhön zum Weiler Hillenberg mit der Ruine der sagenhaften Hildenburg (110 km).

Die Hildenburg

Die Gehöfte Hillenbergs stehen auf historischem Boden. Hier stand einst die alte Hildenburg, von der heute nur noch einige Mauern zeugen. Die Burg soll schon im achten Jahrhundert erbaut worden sein. Ihren Namen soll sie einer edlen Frau namens Hiltiburg verdanken, die 824 Güter an Abt Rabanus Maurus von Fulda schenkte. Die Sage erzählt, im Bauernkrieg 1525 seien aufrührerische Bauern aus Bastheim auf die Hildenburg gezogen und hätten sie zerstört. Von der Hildenburg konnte sowohl das östliche Rhönvorland als auch ein wichtiger Verkehrsweg kontrolliert werden, der von Nordwesten kommend durch das Ulstertal über die Hohe Rhön und das östliche Rhönvorland weiter nach Südosten in den Bamberger Raum bzw. über Würzburg zu den Alpen führte.

Die Zielroute trifft ca. einen Kilometer nach Hillenberg auf den Ostweg, dem man nun in Richtung Schwarzes Moor folgt. Nach der Brücke über den wildromantischen Eisgraben (111 km), auch ein Naturwaldreservat, geht es schweißtreibend bergan, doch dann auf der Hauensteinstraße etwas gemäßigter, vorbei am Rhönhof (Einkehr) und weiter zum Schwarzen Moor (116 km). Auf keinen Fall sollte man den Besuch des Schwarzen Moores versäumen. Dazu kann man, wie am Gangolfsberg, sein Bike in einem der beiden Bike & Hike Gasthöfe Sennhütte (ca. 1 km) oder Rhönhof (ca. 2 km) sicher unterstellen.

Das Rote und das Schwarze Moor

Die größten und bekanntesten Moore der Rhön sind das Schwarze (60 ha) und das Rote (30 ha) Moor. Beide haben eine ähnliche Entstehungsgeschichte, die etwa nach der letzten Eiszeit begann (vor ca. 13.000 Jahren), als sich bei feuchtkaltem Klima eine niedere Tundrenvegetation ausbreitete. In Mulden mit tonigem und daher wasserundurchlässigem Untergrund siedelten sich damals feuchtigkeitsliebende Pflanzen an, die sich nach ihrem Absterben nur ungenügend zersetzten und schließlich vertorften. Im Laufe der Jahrtausende wuchsen bei wechselnden Klimaperioden und unterschiedlichem Pflanzenbewuchs die Torfschichten verschieden schnell und bildeten ein immer stärker werdendes Polster, das selbst die Hänge der Mulden hinaufkroch und im zentralen Bereich eine uhrglasförmige Wölbung hervorrief. Diese ist beim Schwarzen Moor noch deutlich sichtbar, beim Roten Moor hingegen infolge der Torfgewinnung längst verschwunden. Von dieser Aufwölbung haben die sogenannten „Hochmoore" ihren Namen erhalten.

Beide Moore sind be-deutende Kernzonen im Biosphärenreservat Rhön. Als Hochmoore mit internationaler Bedeutung sind sie unersetzbare Archive für die Rekonstruktion der nacheiszeitlichen Waldgeschichte. Entlang der Moorlehrpfade werden die verschiedenen Aspekte des einzigartigen Lebensraumes Moor erklärt.

Am schwarzen Moor hat man nun die Möglichkeit, die Strecke durch zwei Varianten zu verlängern:
* Durch eine Rundtour über den Salkenberg nach Fladungen und danach über Rüdenschwinden zurück zum Schwarzen Moor (ca. 22 km; ca. 500 hm) Hierzu wählt man die Zielroute Fladungen über Salkenberg und fährt dann von Fladungen wieder auf der zweiten Zielroute zurück zum Schwarzen Moor

Fladungen

In einer Fuldaer Urkunde des Jahres 789 wird der Ortsname Fladungen erstmals genannt. 1218 wurde der Ort bereits Markt genannt und 1335 erfolgte die Verleihung der Gelnhäuser Stadtrechte durch Ludwig den Bayern. 1360 zur Pfarrei erhoben, wurde Fladungen zum kirchlichen Mittelpunkt des oberen Streutales. Ein mächtiges Renaissance-Gebäude mit vier Geschossen und zwei Flügeln beherbergte das Cent-

gericht und diente als bischöflicher Amtssitz (1600 von der Hilden-
burg hierher verlegt). Schöne alte Fachwerkhäuser - meist erst nach
dem Brand von 1635 entstanden - beleben das Ortsbild Fladungens.
Die alte Befestigung, um 1335 entstanden, umzieht mit ihren fünf Tür-
men noch auf allen Seiten den Stadtkern. Die Stadt beherbergt das
Fränkische Freilandmuseum und das Rhönmuseum. Seit einigen Jah-
ren ist sie auch Endstation der Museumsbahn nach Mellrichstadt.

- Oder durch einen Abstecher nach Thüringen über Frankenheim, den höchstgelegenen Ort der Rhön, zum Eisenacher
  Haus auf dem Ellenbogen (hin- und zurück ca. 18 km, ca. 200
  hm). Hierzu wählt man die MTB-Route zum Eisenacher Haus
  und fährt danach die gleiche Strecke zurück.

116	Schwarzes Moor (786 m) (E/Ü)	Westweg bis Rotes Moor
121	Stirnberg (876 m)	Westweg bis Rotes Moor
123	Heidelstein (921 m)	Westweg bis Rotes Moor
129	Rotes Moor (808 m)	Richtung Wasserkuppe
134	Wasserkuppe (910 m)	Richtung Gersfeld
135	Fuldaquelle (850 m) (E/Ü)	Richtung Gersfeld
143	**Ende der Tour in Gersfeld (488 m) am Bahnhof**	

Der weitere Weg verläuft nun auf dem Westweg in Richtung Bischofsheim. Es geht durch

das Naturschutzgebiet Lange Rhön

Es ist eine sehens- und erhaltenswerte Kulturlandschaft mit dem ei-
genartigen Reiz der charakteristischen Hochflächen, dem sich kaum je-
mand entziehen kann. Die Mountainbike Hauptroute West verläuft
auf den Höhen der Langen Rhön bis in die Schwarzen Berge. Entlang
seines Verlaufs reihen sich perlenkettenartig die Naturschönheiten und
„Highlights" der Langen Rhön.

Die nächste Station nach dem Schwarzen Moor ist der Stirnberg: Wo vor wenigen Jahren eine instabile Fichtenmonokultur stand, wächst heute artenvielfältiger Jungwuchs mit Vogelbeere, Birke, Weide, Aspe und andere Arten.

Nach dem Stirnberg fährt man auf einem fahrtechnisch nicht ganz einfachen Weg zunächst zum Parkplatz an der Schornhecke. Von dort allerdings etwas bequemer auf einem Asphaltsträßchen der Telekom auf den Gipfel des Heidelsteins (926 m) hinauf. Bitte hier auf der MTB-Route bleiben!

Vom Gipfel des Heidelsteins bietet sich bei schönem Wetter ein herrlicher Rundblick. Der Sender übertrug bis zur Wende im Wesentlichen westdeutsche Programme in die DDR, heute sind es hessischer und bayerischer Rundfunk sowie der Deutschlandfunk. Die Borst-

graswiesen in der Nähe des Wanderweges zum Roten Moor weisen bis zu 72 verschiedene Pflanzenarten auf. Für ihren Erhalt ist die alljährliche Mahd sehr wichtig. Am Südosthang des Heidelsteins wurde in den letzten Jahren durch Rodung Lebensraum für das Birkwild geschaffen.

Das Birkhuhn in der Rhön

Der Erhalt des Birkhuhns ist als Leitart für die Lebensgemeinschaften von besonderer Bedeutung. Im Rahmen der wichtigsten Funktionskreise des Verhaltens (Feindvermeidung, Nahrungssuche, Ruhe und Mauser, Brut und Kükenaufzucht, Balz) werden vom Birkhuhn im Jahresverlauf unterschiedliche Biotypen genutzt. Da das Birkhuhn äußerst störungsempfindlich ist, ist es wichtig, dass für sein Überleben in der Rhön großflächige Ruhezonen geschaffen und auch vom Besucherverkehr freigehalten werden.

Großflächig zusammenhängendes, extensiv genutztes Mähgrünland mit inselartig verteilten Gehölzen bildet die Grundlage für die Erhaltung der Lebensgemeinschaft der Langen Rhön mit vielen vom Aussterben bedrohten Arten. Das Birkhuhn benötigt zudem mosaikartig verteilte, strukturreiche Brachen, Hochstaudenfluren und Zwergstrauchheiden.

Als nichtstaatliche Einrichtung unterstützt die Wildland Gesellschaft das Engagement der bayerischen Jäger, Lebensräume bedrohter Tiere und Pflanzen zu erhalten und setzt besonders im NSG Lange Rhön für das Birkhuhn verschiedene Maßnahmen um (Wildland GmbH, Hohenlindner Straße 12, 85622 Feldkirchen).

Auf der MTB-Route und mit entsprechender Rücksicht auf die Fußgänger fährt man nun hinunter zum Roten Moor (130 km), das auf einem Bohlenweg und nur zu Fuß besichtigt werden kann. Hier werden seit 1982 im Rahmen eines Entwicklung- und Erprobungsvorhabens umfangreiche Renaturierungsmaßnahmen durchgeführt. Für die Bikes gibt es hier leider (noch) keinen sicheren Parkplatz.

Die weitere Fahrt verläuft auf einem stark frequentierten Wanderweg in Richtung Wasserkuppe, wo die letzten eineinhalb Kilometer auf der Zufahrtsstraße bewältigt werden müssen (133 km). Noch vor dem Gipfel, bei der Fuldaquelle, zweigt die MTB-Route nach Gersfeld ab, auf der es dann entlang der jungen Fulda zurück zum Bahnhof Gersfeld geht (143 km).

Alternative Startorte

1. Bad Neustadt (240 m)		
0	Beginn am Parkplatz Feuerwehrhaus in Brendlorenzen	Richtung Kissinger Hütte bis zum Hauptwegweiser oberhalb von Kollertshof 2.)
8,5	Hauptwegweiser	Richtung Bischofsheim bis Wegfurt
6	Wegfurt (E)	Richtung Kreuzberg bis Neustädter Haus
7,5	Neustädter Haus (750 m) (E/Ü)	Weiter als in der Beschreibung
2. Mellrichstadt (275 m)		
0	Beginn am Parkplatz Streuwiese	Streutalradweg (rotes Radlersymbol) nach Ostheim zur Haltestelle der Museumsbahn
8,5	Ostheim Haltestelle der Museumsbahn (294 m)(E/Ü)	Weiter als in der Beschreibung
3. Ostheim (294 m)		
	Beginn an der Haltestelle der Museumsbahn	Weiter als in der Beschreibung
4. Geroda (440 m)		
0	Beginn an der Kirche	Radwanderweg Nr. 3 zum Würzburger Haus
4,5	Würzburger Haus (785 m) (E/Ü)	Weiter als in der Beschreibung

Lebensraum Rhön – ein Biosphärenreservat der Unesco

Die Rhön, in Bayern, Hessen und Thüringen gelegen, wurde im März 1991 von der UNESCO als Biosphärenreservat anerkannt. Damit war die Grundlage für Schutz, Pflege und Entwicklung einer der schönsten Mittelgebirgslandschaften Deutschlands gegeben. Sie ist in das weltweite Netz von über 300 Biosphärenreservaten eingebunden, das die UNESCO als Weltorganisation für Erziehung, Wissenschaft und Kultur im Rahmen ihres Programms „Der Mensch und die Biosphäre" (MAB) aufbaut. In ihnen wird beispielhaft die Entwicklung von nachhaltigen, umweltverträglichen Nutzungsweisen angestrebt. Biosphärenreservate dienen außerdem der Umweltforschung, der ökologischen Umweltbeobachtung und der Umweltbildung.

Mensch und Natur gehören zusammen

In der Zielsetzung der Biosphärenreservate geht es um die Wechselwirkungen zwischen Mensch und Umwelt und um die Verantwortung des Menschen für einen schonenden Umgang mit der Natur. Lebensnotwendige Naturgüter wie Luft, Wasser und Boden, die Vielfalt an Pflanzen und Tieren sowie die Vorräte an Bodenschätzen sind nicht unbegrenzt verfügbar. Wir und die nachfolgenden Generationen müssen von diesen Ressourcen leben können. Das heißt aber auch: Den Nutzungen in der Landschaft müssen Grenzen gesetzt werden. Dafür sind gemeinsam mit den hier lebenden und wirtschaftenden Menschen Konzepte zu Schutz, Pflege und Entwicklung der Rhön zu erarbeiten und umzusetzen.

Information, Forschung, Bürgerbeteiligung

Forschung und Umweltbeobachtung werden in den Biosphärenreservaten auf der ganzen Erde koordiniert. Wenn wir über die Prozesse in der Natur mehr wissen, können wir viele Probleme auch besser verstehen und lösen. Dabei spielen Information und Beteiligung der breiten Öffentlichkeit eine wichtige Rolle. Nur wer die Wechselwirkungen zwischen Mensch und Umwelt versteht, kann sich auch im Alltag richtig verhalten (Auszug aus dem Faltblatt: Kulturlandschaft Rhön – ein Biosphärenreservat der Unesco). Mehr Informationen gibt es in den Info-Zentren auf der Wasserkuppe, in Oberelsbach und in Oberbach sowie bei den Infowagen auf der Hochrhön.

Bike & Hike - Mountainbiking und Wandern sinnvoll miteinander verbinden

Bei unseren Touren in den Alpen ist es selbstverständlich, dass wir mit dem Bergrad oft bis zur letzten Alm fahren, und dort, wo das Biken keinen Sinn mehr macht, zu Fuß weiter aufsteigen. Auch in der Rhön macht Bike & Hike Sinn: Dort nämlich, wo wir aus Naturschutzgründen nicht mit dem Fahrrad fahren können, wo es aber interessant und vielleicht am schönsten ist. Der Berggasthof Sennhütte und der Rhönhof, beide in der Nähe des Schwarzen Moores gelegen, und die Rhönklubhütte „Schweinfurter Haus" am Gangolfsberg sind „Bike & Hike"- Stationen in der Bayerischen Rhön. Vom Rhönhof ist es auch nicht sehr weit zum Eisgrabenwasserfall, der nicht mit dem Mountainbike erreichbar ist.

Das Schweinfurter Haus, am Fuße des Gangolfsberges gelegen, ist ein guter Ausgangsort für eine Hike-Tour zum Lehrpfad am Gangolfsberg, der in vieler Hinsicht sehr empfehlenswert ist. Die Bikes kann man diebstahlsicher am Fahrradparkplatz am des Schweinfurter Hauses abstellen.

(2) Bike & Hike zum Gangolfsberg

Die Bayerische Staatsforstverwaltung hat im Jahre 1978 am Gangolfsberg rund 75 ha Buchenmischwald als Naturwaldreservat ausgewiesen. Im Reservat findet seither keine forstliche Nutzung statt. Zwischenzeitlich wurde der Wald am Gangolfsberg wegen seiner wertvollen Naturschätze auch in das europäische Schutzgebietsnetz „Natura 2000" aufgenommen. Ein lohnendes Ziel ist der Gangolfsberg auch wegen seiner Prismenwand, wo der Basalt zu kantigen Säulen erstarrt ist, die z. T. waagrecht aus der Wand herausragen. Und noch eine Besonderheit findet sich dort: Eine der seltenen Burganlagen der Rhön, von der auf dem Gipfel Reste die Wallanlage erhalten sind. Im Juli 2002 wurde der Lehrpfad durch das Forstamt Mellrichstadt und den Naturpark Bayerische Rhön neu gestaltet.

Logisch, dass in einem solchen Gebiet das Bike „vor der Tür" bleiben muss. Doch lässt es sich in Verbindung mit dem Schweinfurter Haus und einem Fußmarsch sowieso besser erkunden. Das Bike kann während der Hike-Tour am Fahrrad-Parkplatz des Schweinfurter Hauses sicher abgestellt werden (auf Anfrage auch

Bike & Hike zum Gangolfsberg

Map labels:
- B 278 von Eisenach
- B 285 von Eisenach
- (P) Ellenbogen
- Hilders
- Milseburg
- Frankenheim
- Schwarzes Moor
- Fladungen
- Hausen
- Museumsbahn
- Wasserkuppe (950m)
- Wüstensachsen
- Stirnberg
- Stetten
- Nordheim
- Rother Kuppe
- Gangolfsberg
- Sondheim
- Gersfeld
- Rotes Moor
- Schornhecke
- Heidelstein
- Basaltsee
- Ostheim
- Urspringen
- (Bahnhof)
- Kalte Buche
- Ginolfs
- Oberelsbach
- Himmeldunkkberg
- Weisbach
- Mellrichstadt (Bahnhof)
- Ober-weißenbrunn
- Bastheim
- Bischofsheim
- Wegfurt
- Schönau
- Heustreu
- Kreuzberg (928 m)
- Neustädter Haus
- Guckaspass
- Burgwallbach
- Kissinger Hütte
- Sandberg
- Bewirtschaftete Berghütten/Gasthöfe
- Bad Neustadt (Bahnhof)
- (C) 2003 Jochen Heinke Sondheim
- Museumsbahn

in einem Schuppen). Der Naturlehrpfad ist etwa 2,5 km lang.
Mindestens 1,5 Stunden sollte man sich für den Rundgang Zeit
nehmen, wenn man auch die Hinweistafeln lesen möchte. Übrigens: Für die Hike-Tour sind wegen der zum Teil steinigen Wege
die Mountainbike-Schuhe mit Klickpedalplatte ungeeignet.

Markierung	Mountainbike-Routennetz
Wege	Asphalt, Schotter, Naturwege
Einkehrmöglichkeiten	Schweinfurter Haus und in allen Orten am Weg
Karte	Mountainbike-Routenkarte Rhön des Galli-Verlages

Infos zum Naturwaldreservat und zur frühzeitlichen Festungsanlage	Faltblatt Naturlehrpfad Gangolfs-berg, erhältlich u.a. im Haus der Langen Rhön; Buch „Vorzeit-spuren in Rhön-Grabfeld" (Buchhandel)
Interessantes am Weg	Haus der Langen Rhön in Oberelsbach

Ausgangsorte

Ab Bastheim auf der MTB-Route Richtung Frickenhausen/Ost-heim bis Parkplatz Kaffenberg. Weiter Richtung Oberelsbach und von dort zum Schweinfurter Haus (ca. 20 km). Rückweg wie Hinweg oder ab Schweinfurter Haus zurück nach Oberelsbach und auf dem Elstalradweg nach Bastheim (ca. 13 km). Leichte Tour – ca. 33 km.

Ab Bischofsheim fährt man auf der Hauptroute Ost in Richtung Schwarzes Moor zum Schweinfurter Haus. Der Rückweg: MTB-Route nach Oberelsbach und danach auf dem Radfernweg Rhön-Sinntal-Streutal nach Bischofsheim. Mittelschwere Tour – ca. 40 km.

Ab Burgwallbach geht es auf der MTB-Route Richtung Bi-schofsheim und dort auf der Hauptroute Ost weiter zum Schweinfurter Haus. Der Rückweg: Auf der MTB-Route Richtung Oberelsbach. Dort Richtung Bad Neustadt, am 3. Hww Richtung Schönau und in Schönau Richtung Burgwallbach. Mittelschwe-re MTB-Tour – ca. 59 km.

Von Fladungen fährt man über Rüdenschwinden zum Schwarzen Moor und dort weiter auf der Hauptroute Ost in Richtung Bi-schofsheim zum Schweinfurter Haus. Der Rückweg: MTB-Route nach Oberelsbach und danach auf dem Radfernweg Rhön-Sinn-tal-Streutal nach Bischofsheim bzw. Fladungen. Mittelschwere Tour – ca. 45 km.

Ab Gersfeld geht es auf der MTB-Route Richtung Oberelsbach bis zum Basaltsee. Von dort auf dem Ostweg Richtung Schwarz-es Moor bis zum Schweinfurter Haus. Der Rückweg: Auf dem Ost-weg Richtung Schwarzes Moor bis zur Thüringer Hütte. Dort wei-ter Richtung Wüstensachsen bis zum Parkplatz Schornhecke. Weiter auf dem Westweg Richtung Bischofsheim bis zum Roten

Moor. Ab dort Richtung Gersfeld. Schwere MTB-Tour – ca. 43 km. Ab Hilders (Gemeindezentrum) fährt man auf der MTB-Route zum Schwarzen Moor und dort weiter auf dem Ostweg Richtung Bischofsheim bis zum Schweinfurter Haus. Rückweg wie Beschreibung Wüstensachsen und von dort nach Hilders fahren. Ca. 44 km

Ab Mellrichstadt (Parkplatz Streuwiese) geht es auf der MTB-Route Richtung Basaltsee bis Oberelsbach und dort Richtung Schweinfurter Haus. Rückweg auf der Ostroute bis zur Thüringer Hütte, dann weiter auf der Zielroute nach Mellrichstadt zu den Ausgangsorten. Mittelschwere Tour – ca. 46 km.

Ab Ostheim (Haltestelle der Museumsbahn) geht es auf der MTB-Route Richtung Basaltsee bis Oberelsbach und dort weiter Richtung Schweinfurter Haus. Rückweg auf der Ostroute bis zur Thüringer Hütte, dann weiter auf der Zielroute nach Ostheim. Mittelschwere Tour – ca. 32 km.

Ab Wüstensachsen auf der MTB-Route Richtung Stetten bis zur Kreuzung mit dem Ostweg (in der Nähe von Hillenberg). Weiter auf dem Ostweg Richtung Bischofsheim bis zum Schweinfurter Haus. Der Rückweg führt zunächst auf dem Ostweg Richtung Schwarzes Moor zurück zur Thüringer Hütte. Dort weiter auf der MTB-Route Richtung Wüstensachsen. Schwere MTB-Tour – ca. 34 km.

(3) Bike & Hike
zum Schwarzen Moor

Das Schwarze Moor (60 ha) ist eines der bedeutendsten Hochmoore Europas und das größte Moor in der Rhön. Es entstand nach der letzten Eiszeit (vor ca. 13.000 Jahren), als sich bei feuchtkaltem Klima eine niedere Tundrenvegetation ausbreitete. In Mulden mit tonigem und daher Wasser undurchlässigem Untergrund siedelten sich damals feuchtigkeitsliebende Pflanzen an, die sich nach ihrem Absterben nur ungenügend zersetzten und schließlich vertorften. Im Laufe der Jahrtausende wuchsen bei wechselnden Klimaperioden und unterschiedlichem Pflanzenbewuchs die Torfschichten verschieden schnell und bildeten schließlich ein immer stärker werdendes Polster, das selbst die Hänge der Mulden hinaufkroch und im zentralen Bereich eine

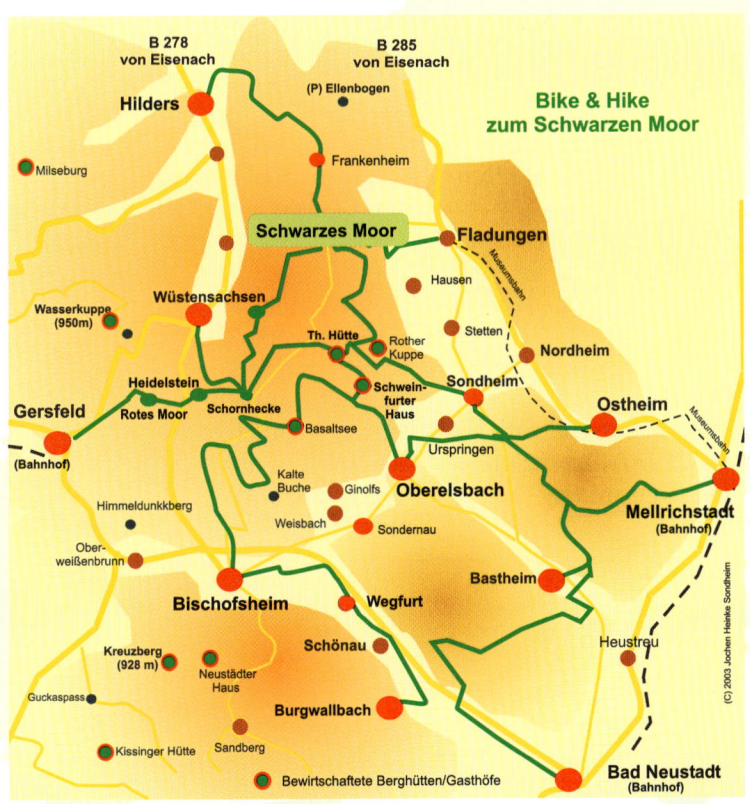

uhrglasförmige Wölbung hervorrief. Von dieser Aufwölbung haben die sogenannten „Hochmoore" ihren Namen erhalten.

Die Moore in der Rhön sind bedeutende Kernzonen im Biosphärenreservat Rhön. Um möglichst vielen Besuchern trotzdem dieses „Schaufenster der Natur" zeigen zu können, wurde ein 2,2 km langer Bohlensteg angelegt, auf dem an 23 Informationstafeln die verschiedenen Aspekte des einzigartigen Lebensraumes Moor erklärt werden.

Natürlich wären die Bikes auf den schmalen Bohlenstegen nicht nur hinderlich, sondern auch für die anderen Besucher störend. Deswegen ist ihre Mitnahme in das Schwarze Moor (auch in das Rote Moor) nicht erlaubt.

Doch es gibt Abhilfe: Sowohl der Berggasthof Sennhütte (ca. 1 km entfernt) als auch der Rhönhof (ca. 2 km entfernt) bieten die kostenlose und sichere Unterbringung Ihrer Bikes während Ihre Hike-Tour durch das Schwarze Moor an. Auch hier empfiehlt es sich nicht, mit den Bike-Schuhen zu laufen.

Markierung	Mountainbike-Routennetz
Wege	Asphalt, Schotter, Naturwege
Einkehrmöglichkeiten	Berggasthof Sennhütte, Rhönhof und in allen Orten am Weg
Karte	Mountainbike-Routenkarte Rhön des Galli-Verlages
Infos zum Naturwaldreservat und zur frühzeitlichen Festungsanlage	Faltblatt Naturlehrpfad Schwarzes Moor, erhältlich in den Info-Zentren und den Info-Wagen Interessantes am Weg Freilandmuseum in Fladungen

Ausgangsorte:

Ab Bad Neustadt-Brendlorenzen (Parkplatz beim Feuerwehrhaus): MTB-Route zur Thüringer Hütte (33 km); weiter auf dem MTB-Ostweg bis zum Schwarzen Moor (10,5 km); Rückweg wie Hinweg oder auf der MTB-Route nach Fladungen (7,5 km) und

dort weiter auf dem Streutalradweg zurück. (37 km) Insgesamt ca. 88 km.

Ab Bastheim auf der MTB-Route Richtung Frickenhausen/Ostheim bis Parkplatz Kaffenberg. Weiter Richtung Thüringer Hütte und von dort zum Schwarzen Moor (ca. 30 km). Rückweg wie Hinweg oder auf der MTB-Route Richtung Fladungen bis nach Rüdenschwinden (4,5 km), dort weiter auf dem Radfernweg Rhön-Sinntal bis Oberelsbach und weiter auf dem Streutalradwanderweg zurück (ca. 25 km).

Ab Bischofsheim fährt man auf dem MTB-Ostweg zum Schwarzen Moor (32 km). Rückweg wie Hinweg oder auf der MTB-Route

Richtung Fladungen bis nach Rüdenschwinden (4,5 km) und dort weiter auf dem Radfernweg Rhön-Sinntal zurück (27 km).

Ab Burgwallbach geht es auf der MTB-Route Richtung Bischofsheim (13 km) und dort auf dem MTB-Ostweg weiter bis zum Schwarzen Moor (32 km). Rückweg wie Hinweg oder auf der MTB-Route Richtung Fladungen bis nach Rüdenschwinden (4,5 km) und dort weiter auf dem Radfernweg Rhön-Sinntal bis nach Unterweißenbrunn und dort weiter auf der MTB-Route nach Burgwallbach (34 km).

Von Fladungen fährt man über Rüdenschwinden oder den Salkenberg zum Schwarzen Moor. Ca. 7, 5 km oder 12 km.

Ab Gersfeld geht es auf der MTB-Route Richtung Fladungen bis zum Schwarzen Moor (17,5 km) Rückweg auf der Ostroute Richtung Bischofsheim bis Holzberghof und dann nach Gersfeld.

Ab Hilders (Gemeindezentrum) fährt man auf der MTB-Route zum Schwarzen Moor (12 km). Der Rückweg: MTB-Route über Seiferts nach Hilders (16 km).

Ab Mellrichstadt (Parkplatz Streuwiese) geht es auf der MTB-Route Richtung Thüringer Hütte (21 km). Weiter auf dem MTB-Ostweg bis zum Schwarzen Moor (10,5 km). Rückweg wie Hinweg oder auf der MTB-Route nach Fladungen (7,5 km) und dort weiter auf dem Streutalradwanderweg nach Mellrichstadt (18 km).

Ab Oberelsbach geht es auf der MTB-Route zum Schweinfurter Haus (4,5 km). Weiter mit dem MTB-Westweg zum Schwarzen Moor (13 km). Rückweg wie Hinweg oder auf der MTB-Route Richtung Fladungen bis nach Rüdenschwinden (4,5 km) und dort weiter auf dem Radfernweg Rhön-Sinntal zurück. (17 km)

Ab Ostheim (Haltestelle der Museumsbahn) geht es auf der MTB-Route zur Thüringer Hütte (14,5 km). Weiter auf dem MTB-Ostweg bis zum Schwarzen Moor (10,5 km). Rückweg wie Hinweg oder auf der MTB-Route nach Fladungen (7,5 km) und dort weiter auf dem Streutalradwanderweg nach Ostheim (10 km).

Ab Sondheim geht es auf der MTB-Route zur Thüringer Hütte (6,5 km). Weiter auf dem MTB-Ostweg bis zum Schwarzen Moor (10,5 km). Rückweg wie Hinweg oder auf der MTB-Route Richtung Fladungen bis nach Rüdenschwinden (4,5 km) und weiter auf dem Radfernweg Rhön-Sinntal nach Sondheim (10 km).

Ab Wüstensachsen auf der MTB-Route Richtung Sondheim bis zur Schornhecke (8 km). Dort weiter auf dem MTB-Westweg zum Schwarzen Moor (8,6 km). Rückweg wie Hinweg oder auf der MTB-Route Richtung Wasserkuppe bis nach Wüstensachsen (10 km).

(4) Durch die Schwarzen Berge

Der Name hat etwas Geheimnisvolle: Schwarze Berge. Er leitet sich von den dort vorherrschenden Buchen und dem Basalt ab. Südlich des Kreuzberges gelegen, begleiten die Schwarzen Berge das östliche Ufer des kleinen Flüsschens Sinn. Sie sind wie die gesamte Mittelgebirgslandschaft der Rhön durch den Vulkanismus geformt worden. Auf den drei unterschiedliche Gesteinsarten Basalt, Muschelkalk und Buntsandstein haben sich auch unterschiedliche Böden entwickelt, die als Wiese, Weide, Wald oder Acker genutzt werden. Die Mountainbiketour führt zunächst am Kreuzberg vorbei bis zum südlichen Wendepunkt, der Platzer Kuppe. Zurück geht es auf einem Panoramaweg, der fast ständig einen Blick in das Dammersfeld zulässt (Zugang gesperrt, weil Truppenübungsplatz), und danach über den Kreuzberg nach Bischofsheim.

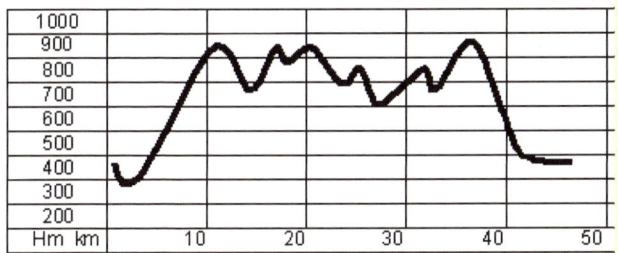

Ausgangsort	Bischofsheim Zentralparkplatz (430 m)
Weitere mögliche Ausgangsorte	Von Geroda, Platz und Riedenberg auf Radwanderwegen zum Würzburger Haus; von Oberbach
Streckenlänge	ca. 47 km
Höchste Punkte	Kloster Kreuzberg 870 m; Kissinger Hütte 830 m
Höhendifferenzen	ca. 900 m

Schwierigkeiten	Konditionell schwierige Strecke mit einzelnen technisch schwierigen Abschnitten
Wegeverhältnisse:	Land- und forstwirtschaftliche Wege, Naturwege, kaum Asphalt
Markierung:	Mountainbike-Routennetz
Informationen	MTB - Routenkarte Rhön des Galli-Verlages
Einkehrmöglichkeiten	Neustädter Haus, Kissinger Hütte, Würzburger Haus, Kreuzberg
Interessantes am Weg	Kloster Kreuzberg, Naturschutzgebiet Schwarze Berge
0	Bischofsheim Zentralparkplatz (432 m)	**Ostweg** Richtung Würzburger Haus
7,5	Neustädter Haus (750 m)	**Ostweg** Richtung Würzburger Haus
14	Guckaspass (660 m)	**Ostweg** Richtung Würzburger Haus
17	Kissinger Hütte (832 m)	**Ostweg** Richtung Würzburger Haus
26	Würzburger Haus (785 m)	**Westweg** Richtung Bischofsheim

Start ist am zentralen Parkplatz vor der Stadt. Hier laufen die nördlichen und südlichen Zweige der Hauptrouten Ost und West zusammen. Bis zum Würzburger Haus folgen wir der Hauptroute Ost, die zunächst gemeinsam bis Unterweißenbrunn auf der Trasse der alten Bahnlinie verläuft. Gleich nach dem Ort trennen sich Radweg und Mountainbike-Route, die Straße wird überquert und man fährt auf dem Wirtschaftsweg bis zu einer Mariengrotte. Be-

quem geht es auch links weiter in Richtung Burgwallbach, doch unser Weg führt geradeaus, schön steil auf einem Naturweg hinauf zum Irenkreuz. Hier wird erneut eine Straße überquert und nach einem kurzen Intermezzo auf einem Naturweg gelangt man auf den breiten Zufahrtsweg zum Neustädter Haus (Einkehr). Die nächste Station ist der Hww, an dem es rechts zum Kreuzberg geht. Aber noch sind wir nicht so weit: Wir fahren weiter in Richtung Würzburger Haus. Am Parkplatz Guckaspass wird eine Kreisstraße überquert und dann geht es bald recht steil, z. T. auf einem ausgewaschenen Naturweg hinauf zur Kissinger Hütte (Einkehr). Von hier aus führt der Weg durch dichten Wald, doch in der Nähe der Platzer Kuppe wird er von reizvollen Bergweiden gesäumt. Der Wald tritt zurück und gibt den Blick frei auf die Landschaft der südöstlichen Rhön. Wer noch mehr sehen will, kann einen kurzen Abstecher auf die Platzer Kuppe machen.

26	Würzburger Haus (785 m)	**Westweg** Richtung Bischofsheim
35,5	Guckaspass (660 m)	**Westweg** Richtung Bischofsheim
39,5	Kreuzberg (858 m)	**Westweg** Richtung Bischofsheim
47	**Bischofsheim Zentralparkplatz (432 m)**	

Die zweite Hälfte der Tour beginnt am Würzburger Haus mit der Westvariante der beiden südlichen Hauptrouten. Auf Asphalt geht es ein schmales Teersträßchen bergab. Doch Achtung, wenn man es so richtig laufen lassen möchte, zweigt der Weg nach einer scharfen Linkskurve schwer erkennbar rechts ab. Hier beginnt ein unvergleichlich schöner Aussichtsweg durch die parkartige Bergweidelandschaft der Schwarzen Berge.

Bunte, abwechslungsreiche Blumenwiesen sind das Merkmal der Schwarzen Berge. Man nennt sie „Storchenschnabel-Goldhaferwiesen". Ihre Entstehung verdanken sie der geringen Düngung und der relativ späten Mahd.

Nach der Überquerung der Straße von Oberbach nach Gefäll fährt man durch einen aufgelassenen Basaltsteinbruch. Unterhalb befindet sich das Naturschutzgebiet, das Naturwaldreservat Lösershag.

Der Lösershag, ein Urwald im Biosphärenreservat.

Seit einem halben Jahrhundert wurde dieser Wald vom Menschen nicht mehr genutzt. Er blieb sich selbst überlassen. Das zeigen skurrile Baumformen sowie oft umgestürzte und übereinanderliegende Bäume. Diese werden von einer unsichtbaren Heerschar von Käfern, Pilzen und anderen Kleinstlebewesen allmählich zersetzt. Es sterben aber nicht nur alte Bäume, sondern auch junge Bäume unterliegen oft im Kampf um Licht, Wasser und Nährstoffe, werden von Pilzen und Insekten befallen und aufgezehrt oder werden von einem Sturm entwurzelt. In den entstehenden Lücken fällt Licht auf den Boden, neue Bäume keimen und wachsen in die Höhe: Neues Leben entsteht. So erneuerte sich der Urwald auch ohne menschliches Handeln in einem stetigen Sterben und geboren werden auf kleinstem Raum immer wieder.
Quelle: *Infofaltblatt „Der Lösershag" der Bayerischen Verwaltung des Biosphärenreservates Rhön.*

Das Naturwaldreservat kann natürlich nicht mit dem Mountainbike befahren werden. Aber Sie sollten sich einmal überlegen, ob Sie nicht an einem anderen Tag eine Wanderung vom Haus der Schwarzen Berge in Oberbach (Bike & Hike in Verbindung mit dem Fernradweg Rhön-Sinntal-Streutal) hinaus durch den Lehrpfad machen möchten. Es lohnt sich bestimmt.
Ca. einen Kilometer vor dem Guckaspass vereinen sich Ost- und Westroute wieder. Gemeinsam geht es zu dem o.ä. Hww in der Nähe des Kreuzberggipfels, wo wir nun links abbiegen und in Richtung Bischofsheim/Kreuzberg fahren. Die MTB-Route verläuft zunächst auf dem Wanderweg: Bitte langsam und rücksichtsvoll fahren! Dort zweigt die MTB-Route in das Ferienwohngebiet Haselbach ab. Sie geht nach den letzten Häusern in einen Forstwirtschaftsweg über und führt an den Sprungschanzen vorbei durch die Hauptstraße von Haselbach zurück nach Bischofsheim.

(5) Von Bad Brückenau durch die Schwarzen Berge zum Kreuzberg

Der Ausgangspunkt der Tour, das Kurstädtchen Bad Brückenau, liegt am südlichen Ende des MTB-Routennetzes im Tal der Sinn.

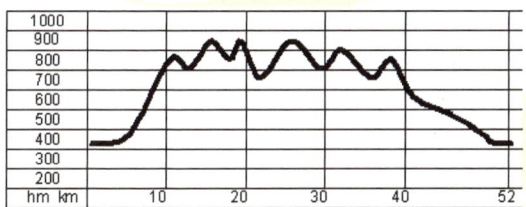

Ausgangspunkt	Bad Brückenau
Streckenlänge	ca. 54 km
Höhen	ca. 1200 hm
Schwierigkeiten	Fahrtechnisch mittelschwere Tour mit z. T. langen Steigungen
Wege	Natur- und Schotterwege, Asphalt,

Einkehr		Würzburger Haus, Kissinger Hütte, Kreuzberg
Karte		Mountainbike-Routenkarte Rhön des Galli-Verlages
Markierungen		Mountainbike-Routennetz, blaues Symbol des Radfernweges Rhön-Sinntal und Radwanderwegemarkierung (weißes Schild mit grüner Schrift)
0	**Bad Brückenau (330 m)**	Radfernweg Rhön-Sinntal Richtung Bischofsheim (Sinntal-aufwärts)
5,5	Riedenberg (390 m)	Radwanderweg Nr. 3
11,5	Würzburger Haus (770 m)	MTB-Ostweg Richtung Bischofsheim
20	Kissinger Hütte (832 m)	dito
23	Guckaspass (660 m)	dito
27,5	Kreuzberg (858 m)	MTB-Westweg Richtung Würzburger Haus
32	Guckaspass (660 m)	dito
40,5	Würzburger Haus (770 m)	Fahrweg nach Schildeck (Radwanderweg Nr. 2)
44	Schildeck (535 m)	B 286b Richtung Autobahn bis Anschlussstelle Bad Brückenau/Wildflecken
45,5	Abzw. Nach Mittgenfeld	Radwanderweg Nr. 12 nach Bad Brückenau
52,5	**Bad Brückenau**	

(6) Himmeldunk und Hohe Hölle

Himmel und Hölle, so nah beieinander! Himmeldunkberg und Hohe Hölle sind zwei Berge im Grenzgebiet zwischen Hessen und Bayern, zwischen Gersfeld und Bischofsheim.

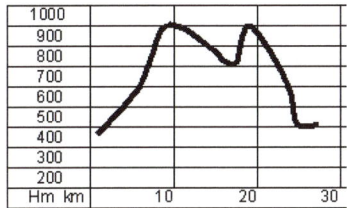

Aus Sicht eines Mountainbikers würde ich sagen: Es ist die Hölle, von Oberweißenbrunn – und von Gersfeld – auf den Himmeldunkberg hinaufzufahren, aber wenn man dann mal oben ist, hat man ein himmlisches Gefühl! Himmeldunkberg hat jedoch nichts mit dem Himmel zu tun, sondern bedeutet nach dem Heimatforscher Erwin Sturm so viel wie „Hohe Weide", während der Name des Nachbarberges, der „Hohen Hölle", „abschüssiger Hang" bedeuten soll. Nichts desto trotz: Wenn ich oben am Himmeldunkberg stehe, lasse ich mir mein himmlisches Feeling nicht nehmen. Und weil die Tour so schön ist, kann man sie von Gersfeld und von Bischofsheim aus fahren.

Ausgangsort	Gersfeld Bahnhof und Bischofsheim Zentralparkplatz
Streckenlängen	ab Gersfeld ca. 25 km; ab Bischofsheim ca. 41,5 km
Höhen	Ca. 900 hm (ab Gersfeld, siehe auch Höhenprofil)
Schwierigkeiten	z. T. starke Steigungen
Wegeverhältnisse	Asphalt, Schotter, Natur- und Wiesenwege
Einkehrmöglichkeiten	Wasserkuppe

Karte	Mountainbike-Routenkarte Rhön des Galli-Verlages	
Markierungen	Mountainbike-Routennetz	
Ab Gersfeld		
0	Bahnhof (488 m)	MTB-Route Richtung Wasserkuppe
8	Wasserkuppe (910 m)	MTB-Route Richtung Wegfurt bis Rotes Moor
13	Rotes Moor (808 m)	MTB-Westweg Richtung Bischofsheim
16	Schwedenwall (750 m)	MTB-Westweg Richtung Bischofsheim
18,5	Himmeldunkberg (886 m)	Zielroute nach Gersfeld
24,5	**Ende der Tour in Gersfeld am Bahnhof**	
Ab Bischofsheim		
0	Zentralparkplatz (432 m)	MTB-Westweg Richtung Schwarzes Moor
8,5	Himmeldunkberg (886 m)	MTB-Route nach Gersfeld
14,5	Gersfeld (488 m)	MTB-Route Richtung Wasserkuppe
22,5	Wasserkuppe (910 m)	MTB-Route Richtung Wegfurt bis Rotes Moor
27,5	Rotes Moor (808 m)	MTB-Westweg Richtung Bischofsheim bis Himmeldunkberg

33	Himmeldunkberg (886 m)	MTB-Route Richtung Bischofsheim
41,5	**Ende der Tour in Bischofsheim (432 m)**	

An der Endstation der Rhönbahn in Gersfeld beginnt die Mountainbike-Route zur Wasserkuppe, mit der man auf den höchsten Berg der Rhön fährt. Wenn man sich dort ein wenig umgesehen hat, will man sicher schnell wieder in die Natur zurück. Man fährt nun mit der MTB-Route Richtung Wegfurt bis zum Roten Moor.

Nach der Besichtigung auf dem Bohlenweg richtet man sich nach der MTB-Beschilderung Richtung Bischofsheim und fährt mit dem MTB-Westweg zum Parkplatz Schwedenwall. Der Berg rechter Hand ist die Hohe Hölle und der Weg dorthin ist nur den Wanderern vorbehalten. Mountainbiker fahren auf der MTB-Route durch das künftige Naturschutzgebiet zum Himmel(dunkberg), wo man, wie in der Langen Rhön, auf den für das Mountainbiking markierten Wegen bleiben muss. Die Route verläuft zunächst relativ eben, steigt aber bald extrem an, dazu noch auf einem feuchten und teils mit Gras bewachsenen Weg. An ihrer Einmündung auf den Rhönhöhenweg ist eine Bushaltestelle. Natürlich kommt hier kein Bus, aber man kann sich die Stelle dadurch gut merken. Hier geht es links, zum Gipfel des Himmeldunkberges, mit seinem unvergleichlichen Panorama. Wenn man genug Natur und Landschaft getankt hat, fährt man das Steilstück hinunter und trifft auf die Zielroute nach Gersfeld.

• Hier mündet die Route von Bischofsheim ein, die dort am Zentralparkplatz beginnt. Die Tourenbeschreibung folgt zunächst der weiteren Beschreibung. In Gersfeld fährt man wie oben beschrieben weiter.
Man folgt nun der Zielroute nach Gersfeld, die rechts in den Wald führt. Es geht am Fuldaer Haus vorbei, weiter talabwärts über Rodenbach nach Gersfeld. An der ampelgesteuerten Kreuzung in der Ortsmitte fährt man links zum Bahnhof, rechts geht es für die weiter, die in Bischofsheim gestartet sind.

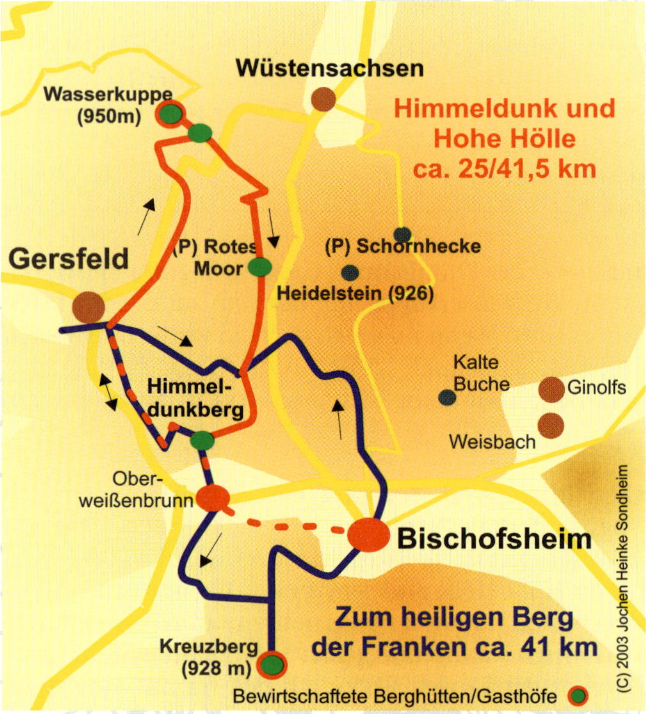

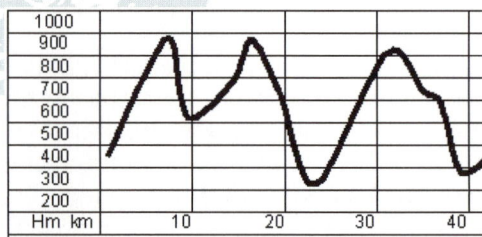

Wüstensachsen
Wasserkuppe (950m)
Himmeldunk und Hohe Hölle ca. 25/41,5 km
Gersfeld
(P) Rotes Moor
(P) Schornhecke
Heidelstein (926)
Himmel-dunkberg
Kalte Buche
Ginolfs
Weisbach
Ober-weißenbrunn
Bischofsheim
Zum heiligen Berg der Franken ca. 41 km
Kreuzberg (928 m)
Bewirtschaftete Berghütten/Gasthöfe
(C) 2003 Jochen Heinke Sondheim

(7) Zum heiligen Berg der Franken

Der Kreuzberg ist **das** touristische Ziel in der Rhön, was sicher nur zum geringeren Teil daran liegen mag, dass er der zweithöchste Berg ist. Mehr, denke ich, liegt es am Kloster und an dem dort gebrauten süffigen Klosterbier, das man (obwohl in Franken gelegen) fast bayerisch in Bierhallen und in den beiden Biergärten genießen kann.

1000
900
800
700
600
500
400
300
200
Hm km
10
20
30
40

Wer es im Rhein-Main-Gebiet schafft, früh aus den Federn zu kommen, ist in gut eineinhalb Stunden mit der Bahn in Gersfeld und hat dann noch genügend Zeit, diese Tagestour zu fahren. Doch wer schafft das schon? Deswegen: Die Wirte der Rhön freuen sich auch, wenn Sie bei ihnen übernachten.

Ausgangsort	Gersfeld
Streckenlänge	ca. 41 km
Höhen	ca. 1100 Höhenmeter
Schwierigkeiten	Starke Steigungen auf Hin- und Rückweg
Wege	Asphalt, Schotter, Naturwege
Karte	Mountainbike-Routenkarte Rhön des Galli-Verlages
Markierungen	Mountainbike-Routennetz
Hinweis	Im Biergarten auf dem Kreuzberg ist Maßhalten beim „Maß halten" angesagt – nicht nur wegen der Steigungen auf dem Rückweg!
0	Bahnhof Gersfeld (488 m)	Richtung Kreuzberg
6,5	Himmeldunkberg (860 m)	Richtung Kreuzberg
8	Oberweißenbrunn (600 m)	Richtung Kreuzberg
18,5	Kreuzberg (858 m)	Westweg nach Bischofsheim
26	Zentralparkplatz Bischofsheim (432 m)	Richtung Gersfeld
32	Münzkopf (804 m)	Richtung Gersfeld
41	**Ende der Tour in Gersfeld Bahnhof (488 m)**	

(8) Aussichten und Ansichten – auf zwei Etagen durch die Rhön

Diese Tour folgt einer Idee, die bei der Konzeption des MTB-Netzes im Vordergrund stand: Die Verbindung der MTB-Routen mit den vorhandenen Radwanderwegen. Wer also nicht nur fernab der Ortschaften durch die Landschaft biken möchte, sondern auch noch ein wenig über Land und Leute erfahren möchte, dem sei diese Tour empfohlen. Sie verläuft zunächst auf den MTB-Routen durch die schönsten Landschaften der Rhön mit vielen Fernblicken und führt danach auf dem Fernradweg Rhön-Sinntal-Streutal durch die nicht minder reizvollen fränkischen Fachwerkorte der Ostrhön. Dabei kann man sich bei Urspringen über die uralte Besiedelung der Rhön und in Oberelsbach über das Biosphärenreservat Rhön informieren. Und: Man findet in den Orten am Radwanderweg eine große Auswahl von Gaststätten, in denen man die typischen Rhöner Gerichte probieren kann. Der Einstieg in die Tour ist in jedem Ort entlang des Fernradweges Rhön-Sinntal-Streutal zwischen Fladungen und Oberweißenbrunn möglich.

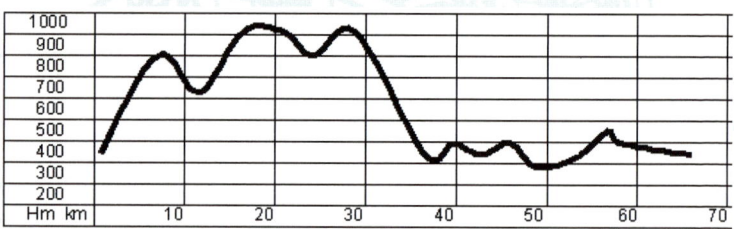

Ausgangsorte	Fladungen, Bischofsheim, Oberelsbach, Urspringen, Sondheim, Stetten, Hausen
Streckenlänge	ca. 66,5 km
Höhen	ca. 1000 hm
Schwierigkeiten	starke Steigungen am Himmeldunkberg und am Stirnberg

Wegeverhältnisse	Schotterwege, Natur- und Wiesenwege, Asphalt
Einkehrmöglichkeiten	Rhönhof, Sennhütte und in allen Orten am Weg
Info	Mountainbike-Routenkarte Rhön des Galli-Verlages
Markierungen	Mountainbike-Routennetz; Blaues Symbol des Radfernweges Rhön-Sinntal-Streutal
Besonderheit	Kombinationstour MTB-Route/Radweg

0	Fladungen Freilandmuseum (410 m)	MTB-Route Schwarzes Moor über Rüdenschwinden
7	Schwarzes Moor (786 m)	Ostweg Richtung Bischofsheim
12	Eisgrabenbrücke (540 m)	Ostweg Richtung Bischofsheim
12,5	Hillenberg Straße (670 m)	Richtung Wüstensachsen
16,5	Stirnberg (876 m)	Hauptroute West Richtung Schwarzes Moor
23,5	Heidelstein (921 m)	Westweg Richtung Schwarzes Moor

Ab dem oberen Parkplatz des Freilandmuseums geht es mit dem Zeichen der MTB-Route zum Schwarzen Moor und von dort weiter auf der Hauptroute Ost Richtung Bischofsheim. Ab dem Hauptwegweiser ca. 500 m nach der Eisgrabenbrücke fährt man Richtung Wüstensachsen über das Hohe Polster bis zum übernächsten Hww am Stirnberg. Zuvor geht es jedoch durch die typische Landschaft der Hochrhön. Große Wiesenflächen, durchsetzt mit freistehenden einzelnen Gehölzen.

Wenn man die Hochrhönstraße erreicht hat, empfiehlt es sich, noch einmal anzuhalten und das Panorama aufzunehmen, das jetzt den nördlichen und östlichen Teil der Rhön darbietet: Weit reicht der Blick bis zum Thüringer Wald, davor die Thüringische Rhön, die beiden Gleichberge und rechts daneben die Haßberge. Bei ausgesprochen guter Fernsicht ist auch der Steigerwald noch zu sehen. Kurz danach hat man zur Rechten einen schönen Einblick in das Schwarze Moor.

Die MTB-Route erreicht nun den Rastplatz Stirnberg.

Hier anzuhalten lohnt nicht zuletzt wegen der Aussicht auf das „Hessische Kegelspiel", wie die kuppige Nordwestrhön in touristischen Prospekten genannt wird. Besonders charakteristisch ist das Profil der Milseburg, deren basaltener Buckel sich deutlich von dem anderer Berge abhebt. Kein Wunder, dass sich viele Volkssagen um diesen Berg winden. Es lohnt sich auch, zunächst sein Bike noch rund 200 m weiter auf dem Hangweg zu schieben oder es am Rastplatz anzuschließen, weil sich dort das Panorama zur Wasserkuppe hin öffnet. Man sieht sie von ihrer Nordostseite und blickt direkt auf die Hangars der zahlreichen Segelflieger. Hier stand die Wiege der Segelfliegerei in Deutschland.

23,5	Heidelstein (921 m)	Westweg Richtung Schwarzes Moor
28,5	Parkplatz Schwedenwall (750 m)	Westweg Richtung Schwarzes Moor
31	Himmeldunkberg (886 m)	Westweg Richtung Schwarzes Moor
39,5	Bischofsheim(432 m)	Radfernweg Rhön-Sinntal (blaues Radlersymbol und entsprechende Aufschrift)
50	Oberelsbach (415 m)	Radfernweg Rhön-Sinntal-Streutal
64	Rüdenschwinden (500 m)	MTB-Route Richtung Fladungen
66,5	**Ende der Tour in Fladungen (410 m)**	

Weiter geht es bis zum nächsten Hauptwanderweg, wo wir uns in Richtung Bischofsheim orientieren. Wir fahren auf einem Schotterweg um den Stirnberg herum und dann geht es durch aufgelassene Weideflächen steil hinauf zum Parkplatz Schornhecke. Von dort weiter hinauf auf einen der höchsten Rhöngipfel.

Der Heidelstein (926 m) ist einer der schönsten Aussichtsberge der Rhön. Eine 380° Rundumsicht beschert bei guter Fernsicht Ausblicke bis zum Thüringer Wald, dem Frankenwald, dem Steigerwald und dem Vogelsberg.

Nach der Abfahrt auf dem Naturweg gelangt man zum Roten Moor, von wo es auf der Hauptroute West weiter zum Parkplatz Schwedenwall geht. Hier bietet sich ein völlig anderes Panorama:

Auch hier wird deutlich, wie sehr die Rhön ihrem Namen „Land der offenen Fernen" alle Ehre macht. Ein toller Blick in die hessische Rhön und auf Gersfeld mit seinen zahlreichen Weilern am Hang der alles überragenden Wasserkuppe. Rechts daneben der Heidelstein mit seinem überdimensionalen Sendemast.

Die Landschaft, durch die man ab hier fährt, hat ob ihrer Kargheit einen ganz besonderen Reiz. Unsere Hauptroute folgt nun zunächst einer uralten Geleitsstraße, die bereits im frühen Mittelalter befahren und begangen wurde, zweigt dann ab und steigt steil hinauf zum Himmeldunkberg mit seinem grandiosen Panorama.

Gegenüber, fast zum Greifen nahe, sieht man das gewaltige Massiv des Kreuzberges - rechts davor der Arnsberg, mit seinen durch Hecken gesäumten Skiabfahrten - ganz rechts der Blick auf den Schachen und in den Truppenübungsplatz Wildflecken - nach Osten und Nordosten die Berge der Fränkischen und der Thüringischen Rhön - direkt davor das Tal der Brend mit den Orten Frankenheim, Bischofsheim, Unterweißenbrunn und Wegfurt.

Doch nun ist das Ärgste geschafft. Auf dem Weg, halb Traktorspur, halb Wiesenweg, geht es hinunter nach Oberweißenbrunn. Bitte im Abfahrtsrausch nicht vergessen, dass sich auch noch andere auf dem Weg befinden können! Wer besonders fit ist, kann hier eine Schleife über den Kreuzberg einlegen (Ca. 12 km und rund 400 Höhenmeter zusätzlich) Dazu folgt man ab Oberweißenbrunn der MTB-Route zum Kreuzberg und danach dem MTB-Westweg nach Bischofsheim.
Über Frankenheim führt der MTB-Westweg nun nach Bischofsheim.

Sehenswert ist in Bischofsheim der Altstadtkern mit der Pfarrkirche, dem Zehntturm und der alten Stadtmauer. Es empfiehlt sich, eine kleine Stadtrundfahrt einzulegen und dabei das Flair des alten würzburgischen Amtsstädtchens einzufangen.

Ab dem Zentralparkplatz in Bischofsheim fahren wir nun auf dem Radfernweg Rhön-Sinntal-Streutal weiter bis nach Fladungen. Auf dem Weg dorthin kann man nun die andere Seite der Rhön - die alten rhönfränkischen Orte am Osthang der Rhön - kennen lernen. Doch noch einmal geht es steil hinauf: Aus dem Brendtal bei Unterweißenbrunn auf die Hochebene zwischen Brend- und Streutal. Hier fahren wir durch eine typische Rhönlandschaft, die mit vielen Hecken kleinräumig gegliedert ist. Noch ein Blick zurück: Der Kreuzberg grüßt uns auf unserer Weiterfahrt zur nördlichen Rhön.

In Oberelsbach befindet sich das Info-Zentrum Haus der Langen Rhön. Danach geht es noch einmal ein paar Meter hinauf – der Hundsrücken will überquert werden.

Wenn man den Hundsrücken überwunden hat und der Radfernweg in Richtung Urspringen abbiegt, sieht man vor sich ein kleines Gehölz. Dort befinden sich restaurierte Hügelgräber aus der Keltenzeit und

Flachgräber aus der frühfränkischen Zeit. Eine Informationstafel gibt Auskunft über die frühe Besiedelung der Gegend.

In Fladungen befindet sich zwar ein Freilandmuseum mit vielen ausgesuchten Bauwerken aus allen Gegenden Unterfrankens. Die Fahrt auf dem Radfernweg führt jedoch durch ein lebendiges Museum: Hier sind die alten Fachwerkhäuser noch bewohnt und hier kann man sie sowohl in ihrem alten Zustand als auch fachmännisch restauriert bewundern.

Nach der beschaulichen Fahrt über Urspringen, Sondheim, Stetten und Hausen durch die reizvolle Landschaft der Ostrhön trifft man vor Rüdenschwinden auf die MTB-Route nach Fladungen und fährt zum Ausgangsort zurück.

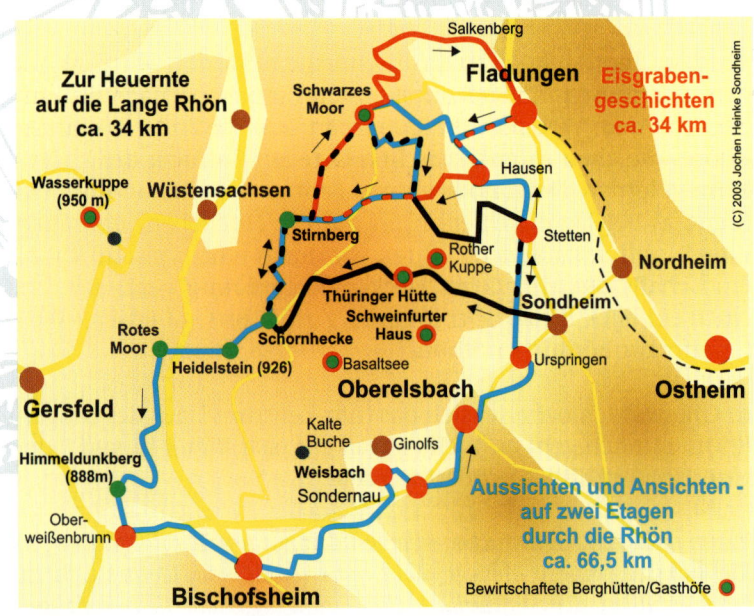

(9) Eisgrabengeschichten

„Am 26. Juli 1834 früh 10 Uhr bemerkte man, dass eine schwere Gewitterwolke sich ganz auf das Rhöngebirge niedergelassen hatte. Um halb 12 Uhr fielen auf der Rhöne sehr große Schlossen (Hagelkörner), und die Wolken haben sich nicht sowohl ergossen als ausgeschüttet. Um 12 Uhr fing das Wasser im Eisgraben an zu wachsen. Um halb 1 Uhr kam der Strom aus dem Eisgraben 6 Schuh hoch hervor, führte eine unzählige Menge von 6 bis 20 Zentner schweren Wackensteinen mit sich und stürzte sich auf das Oertchen Hausen vor der Rhöne. Die Wackensteine füllten in einer Zeit von 10 Minuten das Flussbett in Hausen, worauf das Wasser schrankenlos durch zwei Drittheile des Dorfes alles verwüstete. Entwurzelte starke Baumstämme, ungeheure Wackensteine durchbrachen die Wohnhäuser, stießen Schweineställe um, rissen Scheunen darnieder, tödteten eine Frau mit ihrem Kinde, höhlten die Straße zu Gruben aus, und überführten Gärten und Wiesen, die auf lange Zeit öde und wüst bleiben müssen. Ja, wäre der lange, sich bis zum Gipfel der Rhöngebirge aufwärts ziehend und mehr einem engen Tahle gleichende, Eisgraben nicht mit mehreren tausend großen Buchenstämmen und schönen Stangen bewachsen gewesen, so wäre Hausen nunmehr ein schauerlicher Steinhügel, und kein Mensch wäre zu retten gewesen. Diese Bäume, die sämmtlich ausgerissen oder doch sehr beschädigt sind, haben die Wuth des Wassers und der Steine in so weit gemindert, dass das Unglück nicht himmelschreiend geworden ist." Zeitzeuge Mauer 1834

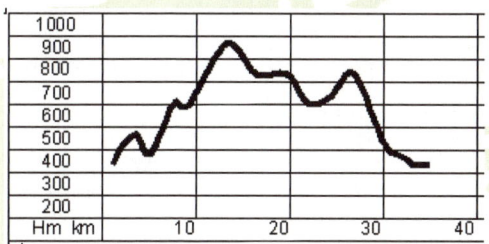

Ausgangsorte	Fladungen, Hausen, Stetten
Streckenlänge	ca. 34 km

Höhen	ca. 800 hm
Schwierigkeiten	Keine besonderen fahrtechnischen Schwierigkeiten
Wegeverhältnisse	Schotterwege, Natur- und Wiesenwege, Asphalt
Einkehr-möglichkeiten	Rhönhof, Sennhütte und in allen Orten am Weg
Karte	Mountainbike-Routenkarte Rhön des Galli-Verlages
Markierungen	Mountainbike-Routennetz
Interessantes am Weg	Naturwaldreservat Eisgraben

Ausgangsort der Tour in Fladungen am oberen Parkplatz des Freilandmuseums		
0	Fladungen (410 m)	MTB-Route Richtung Schwarzes Moor über Rüdenschwinden
2	Rüdenschwinden (500m)	Radfernweg Rhön Sinntal Richtung Bischofsheim
4	Hausen (446 m)	MTB-Route Richtung Schwarzes Moor
6,7	Eisgrabenbrücke (540 m)	Ostweg Richtung Bischofsheim
7,5	Straße zur Hochrhön (670 m)	Richtung Stetten bis Hillenberg
8,2	Hillenberg (650 m)	zurück, dann Richtung Wüstensachsen
13	Hww am Stirnberg (876 m)	Westweg Richtung Schwarzes Moor
17 + 2	Schwarzes Moor (786 m)	Abstecher zur Grenzinformationsstelle, weiter Richtung Fladungen über Salkenberg
22	Oberer See (660 m)	Richtung Fladungen über Salkenberg
25 + 3,5	Salkenberg (765 m)	Abstecher zur Schwedenschanze, dann weiter Richtung Fladungen
34	**Ende der Tour in Fladungen (410 m)**	

(10) Zur Heuernte auf die Lange Rhön

Die grasbewachsenen Hochflächen der Langen Rhön sind nahezu baumarm. Nur vereinzelt haben sich im Schutz von Lesesteinhaufen Bäume ansiedeln können. Diese weiten Wiesen der Langen Rhön, Heufelder genannt, dienten über Jahrhunderte nur der Heuernte. Durch Gesetz war früher festgelegt, dass mit ihr erst nach Kiliani (8. Juli) begonnen werden durfte. Erst nach dem Mittagsgottesdienst durften die Familien, mit Sensen, Heugabeln und Rechen ausgestattet, hinauf auf die Lange Rhön. Trotz der schweren Arbeit war die Heuernte für alle ein Erlebnis, denn man brach für ein paar Tage aus dem gewohnten Leben aus. Man übernachtete in Zelten und ernährte sich von Brot, Schinken und Schwartenmagen sowie dem in der Rhön obligatorischen Schnaps, der hier schon immer als Grundnahrungsmittel angesehen wurde.

Bereits vor Sonnenaufgang wurde mit dem Mähen begonnen. Die Arbeit war wegen der mit Basaltbrocken übersäten Heufelder mühsam. Wenn die Sonne aufging, wurde das Mähen beendet und das Gras auf den großen Flächen zusammengerecht.

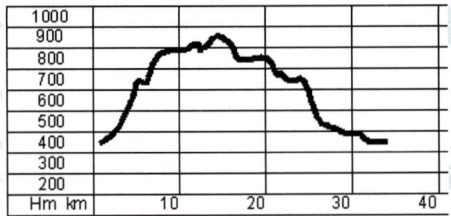

Ausgangsorte	Sondheim, Roth, Stetten, Hausen, Urspringen, Fladungen, Oberelsbach, Bischofsheim
Streckenlänge	ca. 34 km
Kumulierte Höhendifferenzen	ca. 650 hm
Schwierigkeiten	fahrtechnisch leichte MTB-Tour

Wegeverhältnisse	Schotterwege, Asphalt, Naturwege	
Einkehr-möglichkeiten	Thüringer Hütte	
Karte	Mountainbike-Routenkarte Rhön des Galli-Verlages	
Markierungen	Mountainbike-Routennetz	
0	Sondheim (355 m)	MTB-Route Richtung Thüringer Hütte
6	Thüringer Hütte (700 m)	MTB-Route Richtung Wüstensachsen
11	Parkplatz Schornhecke (828 m)	MTB-Westweg Richtung Schwarzes Moor
15	Stirnberg (860 m)	MTB-Westweg Richtung Schwarzes Moor
19,5	Schwarzes Moor (786 m)	MTB-Ostweg Richtung Bischofsheim
25	Abzw. Hillenberg/Eisgraben (670 m)	MTB-Route Richtung Stetten
25,5	Parkplatz Hillenberg (650 m)	MTB-Route Richtung Roth
27,5	Roth Brauerei (482 m)	weiter MTB-Route folgen
28,5	Einmündung auf MTB-Route nach Stetten	MTB-Route Richtung Stetten
30	Stetten Einmündung auf Radfernweg (410 m)	Radfernweg Rhön-Sinntal Richtung Bischofsheim
34	**Ende der Tour in Sondheim (355 m)**	

Das Land der armen Leute

Die Rhön war bis ins 20. Jahrhundert hinein eine der ärmsten Regionen Deutschlands. Ein Grund dafür war, dass sie abseits der großen Handelsstraße gelegen und politisch seit dem 12. Jahrhundert drei „Großmächten" zugehörig war. Dazu kamen das raue Klima und ein Erbrecht, das alle Kinder am Grundeigentum beteiligte, so dass die Parzellen von Generation zu Generation kleiner wurden. Noch heute kann man in Wiesen die Spuren der schmalen Äcker sehen. Wie auch in anderen Gegenden, führte die Bevölkerungszunahme und gleichzeitige Verdrängung der alteingesessenen Weberei, die in den an sich schon kleinen Häusern den größten Raum beanspruchten, durch maschinelle Fertigung im 19. Jahrhundert zu einer so starken Verelendung, dass vielen Rhönern nur die Abwanderung in die entstehenden Industriezentren oder die Auswanderung blieb.

Dass Rhöner im Rhein-Main-Gebiet Arbeit finden, hat sich bis in die heutige Zeit erhalten: Aus Ostheim in der Rhön fuhr noch in den 80er Jahren täglich morgens um 5.00 Uhr ein Linienbus die Arbeiter nach Frankfurt am Main. „Fulder", eigentlich eine Umschreibung für einen ungehobelten Menschen, wurden die „Gastarbeiter" aus der Rhön in Frankfurt genannt.

Im Rhönspiegel schreibt Leopold Höhl, seinerzeit Pfarrer von Hilders: „Der Rhöner ist vorzugsweise Vegetarier, aber nicht aus freier Wahl", Kartoffeln, Milch, Brot und Kraut waren die „Grundnahrungsmittel" der Rhöner Bauern.

Das „Nationalgetränk" der Rhöner sei der Schnaps, erzählt Höhl und er gibt zu, dass damals (?) überdurchschnittlich viel davon getrunken wurde. „Ein besonderer Zug der Rhöner ist die Vorliebe für den Branntwein; fünf bis sechs Ännchen trinkt ein Bursche leicht in der Schänke; kostet das Ännchen doch nur 3 Kreuzer, während die Seidel Bier vier Kreuzer kostet. Man erzählt von den Rhönbewohnern, dass sie ohne Unterschied des Alters den Schnaps mit Brot vermengt mit Löffeln aus der Schüssel essen, wie wir unsere Kartoffelsuppe essen."

Die Armut der Rhön ist heute ihr Reichtum: Hier gab es keinen großen Bauboom, sind die alten Ortskerne fast komplett erhalten und auf den Streuobstwiesen wachsen noch Obstsorten, von denen viele schon als ausgestorben galten und die wohl noch nie mit Spritzmittel in Berührung gekommen sind. Rhöner Dörfer und die Hochrhön gehören zusammen, wenn sie auch durchschnittlich 400–500 Höhenmeter trennen. Man sollte wissen, dass früher auf diesen kargen Höhen jeder noch so kleine Fleck zum Überleben der Bauern in den Tälern beizutragen hatte. Dies ist unter anderem der Grund, weswegen bei der Konzeption des Mountainbike-Routennetzes und in diesem Buch die Dörfer mit einbezogen wurden. Information über die Rhöner Geschichte und das Brauchtum finden Sie im Fränkischen Freilandmuseum und im Rhönmuseum in Fladungen sowie im Heimatmuseum Mellrichstadt.

(11) Durch das Fränkische Rhönvorland

Diese Tour führt durch das reizvolle fränkische Rhönvorland und verläuft auf einer Teilstrecke durch das Brendtal. Im Gegensatz zur stark frequentierten Hochrhön trifft man dort in den Wäldern kaum auf Menschen. Also die optimale Tour für Biker, die mal ungestört biken möchten.

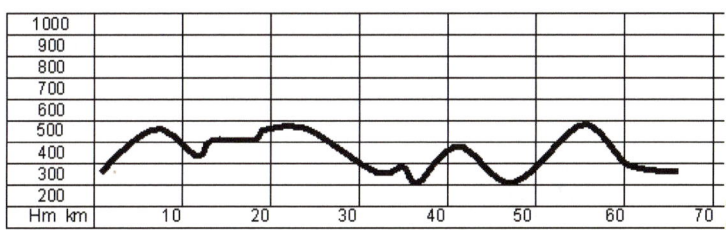

Ausgangsort	Ostheim v.d. Rhön; Haltestelle der Museumsbahn
Weitere Ausgangsorte	Sondheim, Oberelsbach; Bischofsheim; Burgwallbach; Mellrichstadt (+13 km); Bad Neustadt (+ 5 km)
Streckenlänge	ca. 65 km
Höhendifferenzen	ca. 650 m
Schwierigkeiten	einzelne fahrtechnisch schwierige Abschnitte auf Naturwegen
Wegeverhältnisse	Schotter, Asphalt, Naturwege
Markierung	MTB-Routennetz und Rhön-Grabfeld-Radwanderweg (grün-gelb-rotes Zeichen)
Karte	MTB-Routenkarte Rhön des Galli-Verlages

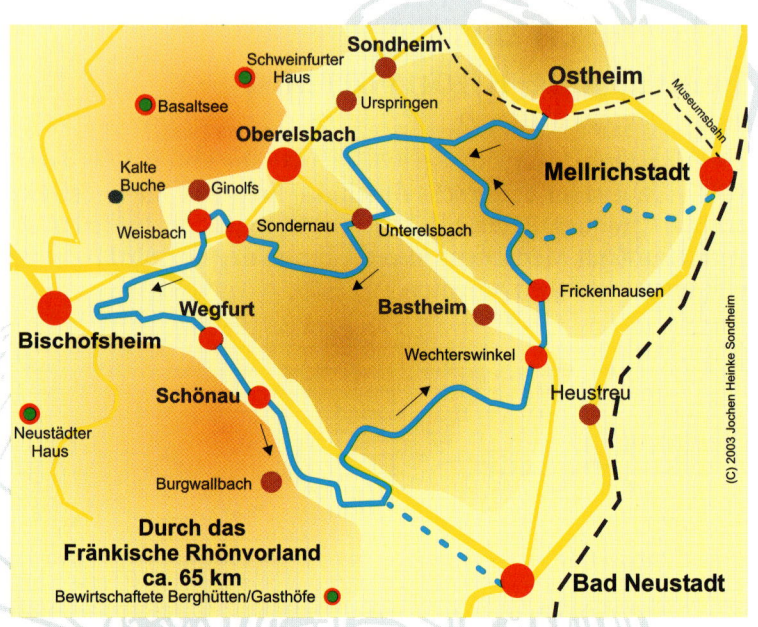

Durch das
Fränkische Rhönvorland
ca. 65 km
Bewirtschaftete Berghütten/Gasthöfe

(C) 2003 Jochen Heinke Sondheim

km	Ostheim (294 m)	Richtung Oberelsbach
5	Hundsrücken (418 m)	Richtung Oberelsbach
8	Hww vor Oberelsbach (442 m)	Richtung Bad Neustadt
14,5	Saueiche (Hww nach Unterelsbach) (394 m)	Richtung Kalte Buche
20	Weisbach (Linde) (460 m)	Rhön-Grabfeld-Radwanderweg (links)
26	Unterweißenbrunn (395 m)	Am Asphaltweg links einbiegen; der MTB-Route folgen
26,7	Hww an der Mariengrotte (392 m)	Richtung Bad Neustadt
39,7	Hww an der Überquerung B 279 (268 m)	Richtung Ostheim

43	Schweinsberger Forst (390 m)	Richtung Ostheim
50	Wechterswinkel (260 m)	Richtung Ostheim
52	Rehberg (385 m)	Richtung Ostheim
53	Frickenhausen (313 m)	Richtung Ostheim
60	Parkplatz Kaffenberg (418 m)	Richtung Ostheim
65	Ostheim vor der Rhön	Haltestelle der Museumsbahn

(12) Milseburg und Burgruine Eberstein

Diese ausschließlich hessische Mountainbike-Tour führt zu zwei geschichtsträchtigen Orten. Um die Milseburg ranken sich aufgrund ihres Aussehens viele Geschichten und Sagen. Abgesehen davon, dass sie in vorgeschichtlicher Zeit befestigt war, trug sie jedoch niemals eine Burg. Ihr Name stammt vielmehr von ihrem burgartigen Aussehen. Durch Grabungsfunde weiß man, dass sie in der Späthallstattzeit/Frühlatenezeit (Keltenzeit) ein Oppidum (stadtähnliche befestigte Wohnsiedlung) war. Sie war wahrscheinlich das wichtigste keltische Zentrum westlich der Rhön.

Anders die Burg Eberstein aus dem Mittelalter, die wie viele Burgen bereits im Hohen Mittelalter zerstört wurde. Unter dem Vorwand, das Raubrittertum zu bekämpfen, wurden damals Kriegszüge gegen die verarmten Ritter geführt, die nicht selten mit der Zerstörung der Burg, Tod oder Vertreibung der Besitzer endeten. In Wahrheit ging es um Landbesitz und Macht.

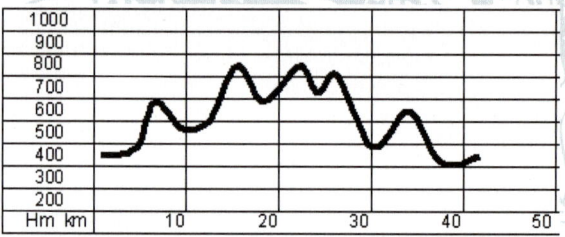

Ausgangsort	Gemeindezentrum Hilders
Weitere Ausgangsorte	Ortsteile von Hilders und Ehrenberg, Abtsroda, Grabenhöfchen, Danzwiesen
Streckenlänge	ca. 41 km
Höchste Punkte	Weiherberg 760 m; Danzwiesen (Milseburg) 700 m, Tannenfels (Ruine Eberstein) 650 m

Höhendifferenzen	ca. 970 hm	
Schwierigkeiten	fahrtechnisch leicht; konditionell mittelschwer	
Wegeverhältnisse	Schotter, Asphalt	
Markierung	MTB-Routennetz, Radfernweg R 3	
Einkehrmöglichkeiten	in allen Orten am Weg	
Karte	MTB-Routenkarte Rhön des Galli-Verlages	
0	Hilders (440 m)	MTB-Route Richtung Wüstensachsen
7	Krautberg (624 m)	MTB-Route Richtung Wüstensachsen
9	Seiferts (513 m)	MTB-Route Richtung Wüstensachsen
12	Wüstensachsen (Kirche) (570 m)	MTB-Route Richtung Milseburg
15	Ehrenberg (753 m)	MTB-Route Richtung Milseburg
	Reulbach (628 m)	MTB-Route Richtung Milseburg
22	Abtsroda (697 m)	MTB-Route Richtung Milseburg
25	Weiherberg (760 m)	MTB-Route Richtung Milseburg
27	**Milseburg Danzwiesen** (700 m)	

Hier empfiehlt es sich, das Bike in einem der Gasthöfe zu parken und zu Fuß zum Gipfelplateau aufzusteigen. Ob man mit dem MTB auf den Wegen hinauffahren darf, ist rechtlich umstritten. Man ist offenbar von Seiten der zuständigen Behörden nicht daran interessiert, hier den Mountainbikern entgegen zu kommen. Ein Wall umgibt den Berg von der Nordspitze bis zur Süd-Ost-Spitze, wobei Anfang und Ende jeweils in riesigen Basaltblockhalden enden und ein Areal von ca. 33 Hektar bilden. Die Ostseite des Berges war kaum befestigt, da hier der Berg durch seine Steilhänge einen natürlichen Schutz bot. Der Hauptzugang dürfte sich an der Westseite befunden haben, wovon heute noch ein mächtiges Zangentor kündet.

Ein weiteres Tor befand sich innerhalb der Anlage, um das eigentliche Gipfelplateau – welches an geeigneten Stellen auch mit Wällen bebaut ist und eine Innenburg bildet – besonders zu schützen. Es handelt sich somit um ein zweigliedriges Wallsystem. Anhand von Bodenfunden war zu bestimmen, dass die Anlage etwa von der späten Hallstatt- bzw. frühen Laténezeit bis zum 1. Jahrhundert v. u. Z. intensiv besiedelt war. Doch dürfte der Berg auch schon vorher die Menschen fasziniert haben, denn unter den Funden befinden sich sogar Gegenstände der Schnurkeramiker und der Urnenfelderzeit (ca. 2500-1800 bzw. 1800-800 v. u. Z).

		Weiter auf Radweg zur Landesstraße
27,8	Landesstraße (646 m)	rechts auf Radfernweg R 3 über Oberbernhards, Steinbach und Rupsroth
31,8	ca. 700 m nach Rupsroth (482 m)	Mit dem Wanderzeichen roter Winkel ehemalige Bahnstrecke überqueren
32,4	Kesselhof (513 m)	Ab hier ohne Markierung; an den folgenden Verzweigungen der Schotterwege stets links halten.
34,8	Kreuzung auf der Scheitelhöhe (590 m)	Nach Hilders: Links einbiegen (grüner Winkel) oder weiter mit Wanderzeichen rotes Dreieck;

Abstecher ca. 500 m zur Ruine Tannenfels: Rechts mit Wander-zeichen rotes Dreieck.

Die Burg Eberstein spielte im ausgehenden Mittelalter aufgrund ihrer strategischen Lage eine wichtige Rolle und wurde sowohl vom Kloster Fulda als auch von den Fürstäbten von Würzburg begehrt. Unter dem Vorwand der Raubritterei wurden Streifzüge gegen die Herren von Eberstein durchgeführt. Die Burg soll erst-mals im Jahre 1150 erobert worden sein. Nach der Ermordung des Fuldaer Abtes Berthold II begann eine kriegerische Zeit, die in der Zerstörung der Burg im Jahre 1282 gipfelte.

Heute sind nur noch die Grundmauern der Burg vorhanden, die völlig im Wald versteckt ist. Zahlreiche Bänke und Tische laden zur Rast in dem schattigen Oval ein.

35,3	Burgruine (660 m)	Zurück zur Kreuzung auf der Scheitelhöhe, weiter nach Hilders oder Findlos
38,5	Findlos (456 m)	Links einbiegen auf MTB-Route Richtung Hilders
41	**Ende der Tour in Hilders am Gemeindezentrum**	

Milseburg und Burgruine Eberstein ca. 41 km

Hilders
Ruine Eberstein
Batten
Milseburg
Wickers
Findlos
Frankenheim
Grabenhöfchen
Reulbach
(P) Schwarzes Moor
Seiferts
Abtsroda
Wüstensachsen
Wasserkuppe (950m)
Stirnberg

Die Ehrenrunde ca. 17 km

Bewirtschaftete Berghütten/Gasthöfe

(C) 2003 Jochen Heinke Sondheim

(13) Die Ehrenrunde

Dieser MTB-Rundweg führt rund um den Ehrenberg, der dem aus vier Gemeinden bestehenden Ort Ehrenberg seinen Namen gab. Die Mountainbike-Route beginnt in Wüstensachsen an der Kirche und führt nach der Überquerung der Bundesstraße auf einer knackigen Steigung durch eine reizvolle Weidelandschaft, in der es, wie in vielen Gebieten der hessischen Rhön, noch richtige Rindviecher zu sehen gibt. Schließlich steht der „Rhöner Weideochse" hier auf den Weiden, eine Rhöner Spezialität,

Teilweise fährt man auf geschotterten Wegen, aber auf einigen Abschnitten auch auf Natur- und Wiesenwegen. Nach der Einmündung auf eine Kreisstraße geht es nach Reulbach und relativ bequem weiter nach Wickers. Dort zweigt die MTB-Route vom Fahrradweg ab und führt über den Krautberg nach Seiferts. Ab dort geht es wieder durch das Ulstertal über Melpers nach Wüstensachsen zurück.

Hm km	10	20

Ausgangsorte	Wüstensachsen, Reulbach, Wickers, Seiferts und Melpers
Streckenlänge	ca. 17 km
Höhendifferenzen	ca. 450 m
Schwierigkeiten	mittelschwere MTB-Tour
Wegeverhältnisse	Geschotterte Wirtschaftswege, Wiesenwege, Asphalt
Einkehrmöglichkeiten	in allen Orten

Info	Mountainbike-Routenkarte Rhön des Galli-Verlages	
Markierungen	Mountainbike-Routennetz	
0	Kirche in Wüstensachsen (570 m)	MTB-Route Richtung Wasserkuppe
3	Ehrenberg (753 m) Wasserkuppe	MTB-Route Richtung
5	Straße nach Reulbach (700 m)	Richtung Hilders
6,5	Reulbach (570 m)	Richtung Hilders
9,5	Wickers (490 m)	Richtung Wüstensachsen
	Krautberg (624 m)	Richtung Wüstensachsen
14	Seiferts (513 m)	Richtung Wüstensachsen
17	**Ende der Tour in Wüstensachsen (570 m)**	

(14) Eine Dreiländertour

Hessen, Thüringen und Bayern – alle drei Bundesländer haben ihren „Anteil" an der Rhön. Und das hat schon eine lange Tradition. Das Land zwischen dem Main, der Fulda und der Werra gehörte zur Zeit der Franken im wesentlichen den Bistümern Würzburg und Mainz mit dem reichsunmittelbaren Kloster Fulda. In der nachfränkischen Zeit kam es zu Gebietsstreitigkeiten zwischen dem Bistum Würzburg und dem Kloster Fulda. Durch dieses Machtpoker kam eine dritte Macht hinzu: Die Henneberger. Dadurch geriet das Gebiet bereits ab dem frühen Mittelalter unter den Einfluss dreier Mächte: Der Fürstbischöfe von Würzburg, des Klosters Fulda und der Grafen von Henneberg. Bereits damals entstand also die noch heute bestehende politische Dreiteilung der Rhön, denn in ihrer Nachfolge stehen nun die drei Bundesländer Bayern, Hessen und Thüringen.

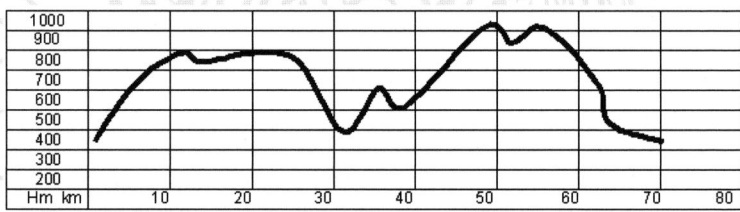

Ausgangsort	Fladungen oberer Parkplatz des Freilandmuseums
Streckenlänge	ca. 69,5 km
Kumulierte Höhendifferenzen	ca. 650 hm
Schwierigkeiten	leichte MTB-Tour
Wege	Natur- und Schotterwege, Asphalt
Markierung	Mountainbike-Routennetz
Karte	MTB-Karte Rhön Galli Verlag

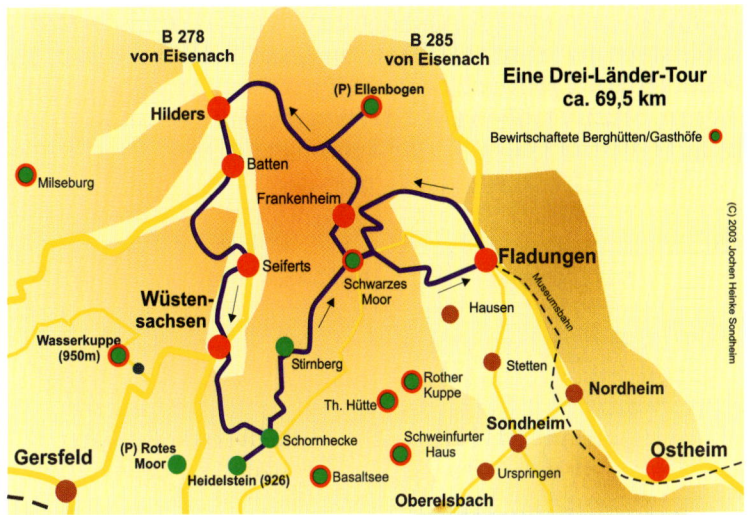

Einkehr	Sennhütte, Thüringer Rhönhaus, Eisenacher Haus, Frankenheim
Interessantes am Weg	Schwarzes Moor (Bike & Hike in Verbindung mit dem Gasthof Sennhütte), Grenzinformationsstelle

km		
	Fladungen (410 m)	MTB-Route Schwarzes Moor über Salkenberg
7	Salkenberg (765 m)	Abstecher zur Schwedenschanze
14,5	Schwarzes Moor (786 m)	MTB-Route Richtung Eisenacher Haus
15,5	Landesgrenze Bayern/Thüringen	MTB-Route Richtung Eisenacher Haus
17,5	Frankenheim (750 m)	MTB-Route Richtung Eisenacher Haus

Die „Zonengrenze" machte hier in diesem Gebiet einen folgenschweren Schlenker, zumindest für die Einwohner von Birx und Frankenheim, die an drei Seiten „zum Greifen nah" von der

Grenze umgeben waren. Am höchsten Punkt, in exponierter Stellung, steht der ehemalige Wachturm der DDR-Grenztruppen. Nachdem der Grenzbereich von Minen gesäubert war, hat man hier ein Stück der alten Grenzbefestigung mit Streckmetallzaun und Hunde-Laufgraben wieder auferstehen lassen.

20,5	Landesgrenze (773 m) Hess./Thüringen	MTB-Route Richtung Eisenacher Haus
23,5	Eisenacher Haus (800 m)	MTB-Route Richtung Hilders
27,5	Buchschirmberg (745 m)	MTB-Route Richtung Hilders
31,5	Hilders (440 m)	MTB-Route Richtung Heidelstein
38,5	Krautberg (624 m)	MTB-Route Richtung Hilders
43,5	Wüstensachsen (570 m)	MTB-Route Richtung Heidelstein
49,5	Schornhecke (828 m)	Abstecher zum Heidelstein
51,5	Heidelstein (921 m)	zurück
53,5	Schornhecke (828 m)	MTB-Westweg Richtung Schwarzes Moor
57,5	Stirnberg (876 m)	MTB-Westweg Richtung Schwarzes Moor
62	Schwarzes Moor (786 m)	MTB-Route nach Fladungen
69,5	**Ende der Tour in Fladungen (410 m)**	

(15) Auf historischen Wegen von Fulda zum Heidelstein

Vor mehr als zwölf Jahrhunderten wurde in der „Vita Sturmi", der Lebensgeschichte des ersten Abtes und Gründers des Klosters Fulda, ein alter Weg erwähnt, der aus dem Fuldaer Becken über die Höhen der Rhön in das Grabfeld führte. Der Mönch Sturmius war von Bonifatius beauftragt worden, den Platz „Eichloha" zu finden, auf dem das spätere Kloster Fulda errichtet wurde. An der Stelle des heutigen Fuldas und der Stelle, die Sturmius für das Kloster auswählte, war rund 50 Jahre zuvor ein Fränkischer Königshof durch Gegner der Franken zerstört worden.

Nach den neueren Forschungen ist davon auszugehen, dass dieser Weg durch die Rhön Teil einer uralten Fernverbindung war, die von Westen her über das Marburger Land und den Vogelsberg führte, bei Fulda die Rhön erreichte und über sie in das Gebiet östlich der Fränkischen Saale zog. In der Altstraßenforschung wird er „Ortesweg" genannt. Die Mountainbike-Tour folgt bis zum Heidelstein den Spuren des alten Weges.

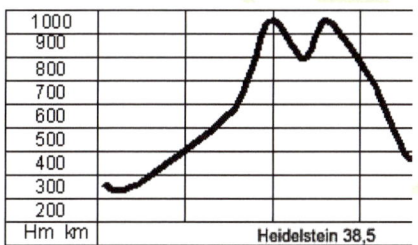

Ausgangsorte	Fulda-Bronnzell
Streckenlänge	46,5 km
Schwierigkeiten	konditionell und fahrtechnisch mittelschwere Tour
Wegeverhältnisse	Asphalt- Schotter- und Naturwege
Einkehrmöglichkeiten	Grabenhöfchen, Wasserkuppe, Gersfeld

Karte	MTB-Routenkarte Rhön des Galli-Verlages
Markierungen	ab Bronnzell Markierungen des Rhönklubs; ab Wasserkuppe Markierung des Mountainbike-Routennetzes
0 Fulda (250 m)	Man fährt ca. 6 km auf dem Radfernweg R 3 Fulda aufwärts bis zur Brücke in Bronnzell.
6 Bronnzell Kirche (260 m)	Wanderzeichen volles schwarzes Dreieck;
9 Fasanerie (330 m)	Wanderzeichen volles schwarzes Dreieck;
17 Dietershausen oberes Ortsende (460 m)	Wanderzeichen offenes schwarzes Dreieck
20 Giebelrain (585 m)	Wanderzeichen offenes schwarzes Dreieck
26 Grabenhöfchen (690 m)	MTB- Route Richtung Wasserkuppe (ab Abtsroda auf Straße)
27 Weiherberg (760 m)	MTB- Route Richtung Wasserkuppe
31,5 Wasserkuppe (910 m)	MTB-Route Richtung Wegfurt
36,5 Rotes Moor (808 m)	MTB-Westweg Richtung Schwarzes Moor
38,5 Heidelstein (921 m)	Zurück zum Roten Moor
40,5 Rotes Moor	MTB-Route nach Gersfeld
46,5 Bahnhof Gersfeld	Rhönbahn oder weiter auf dem Radfernweg R 1 nach Fulda (ca. 30 km)

Den Beginn des Ortesweges, die Brücke über die Fulda bei Bronnzell, erreicht man über den Radfernweg R 3. Vom Bahnhof in
Fulda orientiert man sich zum Fuldafluss und fährt dann ca. 5
km auf dem R 3 Fulda aufwärts bis zur Brücke von Bronnzell, wo
die Fulda überquert wird. Nur wenige hundert Meter oberhalb
der Brücke befand sich die uralte Furt durch den Fluss.

Interessantes am Weg

*Bronnzell (proxima cella) erscheint in der Gründungsgeschichte des
Klosters als die Zelle, die an der Mündung der Fliede in die Fulda liegt.
Sie war hauptsächlich für die Versorgung des Klosters von Bedeutung.*

Es geht zur Ortsmitte, an der alten Kirche vorbei und ab dort mit
dem Wanderzeichen „volles schwarzes Dreieck" zur Fasanerie
Schloss Adolfseck, einer früheren Sommerresidenz der Fuldaer
Fürstbischöfe. Im Uhrzeigersinn fährt man um die Fasanerie herum in den Wald und danach über die Autobahn. Nach dem Forst-
haus Steinhauck geht es wieder in den Wald.
Oberhalb von Dietershausen trifft man auf ein Feldkreuz mit Ru-
hebank. Es geht geradeaus auf dem Rundwanderweg Nr. 6 weiter, der zur Landesstraße L 3258 am südlichen Ortsende von Dietershausen führt. Gegenüber der Einmündung fährt man auf der
„Alten Straße" weiter. Am Ortsende wird das Wanderzeichen ge-
wechselt – man orientiert sich nun am „offenen schwarzen Dreieck". Immer zwischen Wald und Feldern fährt man auf einem
Höhenweg bis zum einem Hof. Dort links ab und weiter auf einem Teerweg bis zum Hof Giebelrain, wo die Route rechts ab-
zweigt und steil hinauf zum Gipfel des Giebelrains führt.
Nach der nun sicher dringend benötigten Verschnaufpause auf
dem Giebelrain und dem tollen Blick auf Fulda und die Vorderr-
hön geht es kurz steil hinunter und danach auf einen weiteren
Kammweg, der oberhalb von Poppenhausen bei einer Straßen-
kreuzung die Bundesstraße 458 überquert. Schräg links gegenüber führt die Wanderroute in einen Feldweg, der steil bergauf
führt. An der nächsten Abzweigung biegt die Wanderroute links
ab – wir fahren geradeaus zum Ausflugslokal Grabenhöfchen.

Hier trifft man auf die MTB-Route von der Milseburg zur Wasserkuppe, auf der man über Abtsroda dorthin fährt. (Ab Abtsroda ggf. auf der Straße)

Die MTB-Route verläuft von der Wasserkuppe bis zur Einmündung in die B 284 auf der Straße. Jenseits der Kreuzung geht es auf einem Wirtschaftsweg zum Roten Moor weiter.

Interessantes am Weg

In dieser unwirtlichen Gegend unweit des Roten Moores bestand um die Zeit des Dreißigjährigen Krieges das Dorf „Rotenmohr." Bis zu 20 Häuser umfasste es in seiner Blütezeit. In seinem knapp hundertjährigen Bestehen führten die Menschen ein entbehrungsreiches Dasein. Der Chronist berichtet: „es sey nie nichts gut's uf dem Moore, auch nichts darauf zu erlangen gewest." 1634 soll das Dorf durch die Schweden niedergebrannt worden sein.

Ab dem roten Moor wählen wir den MTB-Westweg, mit dem es nun hinauf zum Heidelstein geht. Vom dort blickt man in das fränkische Rhönvorland, wo sich der alte Weg zum Thüringer Wald und zu den Haßbergen fortgesetzt hat. Rückweg wie Hinweg oder auf der MTB-Route bis zum Bahnhof Gersfeld. Weiterfahrt nach Fulda mit der Rhönbahn oder auf dem Radfernweg R 1.

Auf historischen Wegen von Fulda zum Heidelstein ca. 38,5 km
Von Fulda zur Wasserkuppe ca. 46 km
Von Fulda zum Mountainbike-Routennetz in der Hochrhön ca. 17 km

Hilders

Fulda

Wissels

Künzell

Maulkuppe

Milseburg

Grabenhöfchen

R 1

MTB

Reulbach

Friesenhausen

Bronnzell

Abtsroda

Wüstensachsen

Eichenzell

Dietershausen

Wasserkuppe

R 1

Welkers

Poppenhausen

Ebersburg

MTB

MTB

Schmalnau

R 1

MTB

Heidelstein

Hettenhausen

Gersfeld

(C) 2003 Jochen Heinke Sondheim

(16) Von Fulda zum Mountainbike-Routennetz in der Hohen Rhön

Leider führen noch keine markierten Mountainbike-Routen von Osthessens Metropole Fulda zum MTB-Routennetz in der Hohen Rhön.

Wie man zum MTB-Routennetz gelangt, ist auch in Kapitel 15 beschrieben. Auch der Radfernweg R 1 (Fuldatal bis Gersfeld) ist zur Anfahrt oder Rückfahrt gut geeignet. In Gersfeld am Bahnhof beginnen die markierten Mountainbike-Routen, die zur Hochrhön hinauf führen. Natürlich kann man auch mit der Rhönbahn ab Fulda Hauptbahnhof nach Gersfeld fahren.

Hier eine von vielen Möglichkeiten, wie man von Fulda und Künzell zum Grabenhöfchen fährt, eine Kombination aus Radwanderweg und Wanderweg.

0	Künzell Rhöntherme auf dem Radwanderweg über Friedensstraße nach Wissels
2	Ab Wissels auf dem mit einem blauen H gekennzeichneten Haune-Weg bis zur Kreuzung auf dem Wisselsröder Küppel mit der Wanderroute HWO 3 (roter Winkel)
3,5	Ab Wisselsrod bis Friesenhausen Wanderroute und Radwanderroute
8,8	Ab Friesenhausen Wanderroute HWO 3
12	über Steinwand
13,5	zur Maulkuppe
17	**zum Grabenhöfchen**

(17) Hochrhön und Besengau

Diese Rundtour sammelt „Einstiegspunkte". Die Beschreibung beginnt zwar in Fladungen, doch kann man in allen Orten unterwegs „zusteigen".

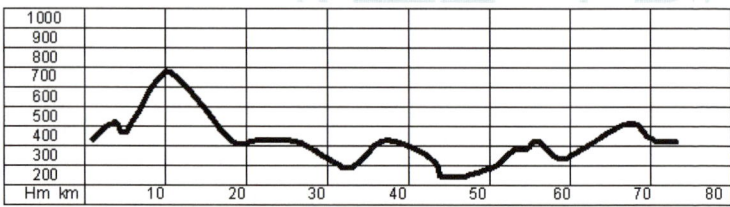

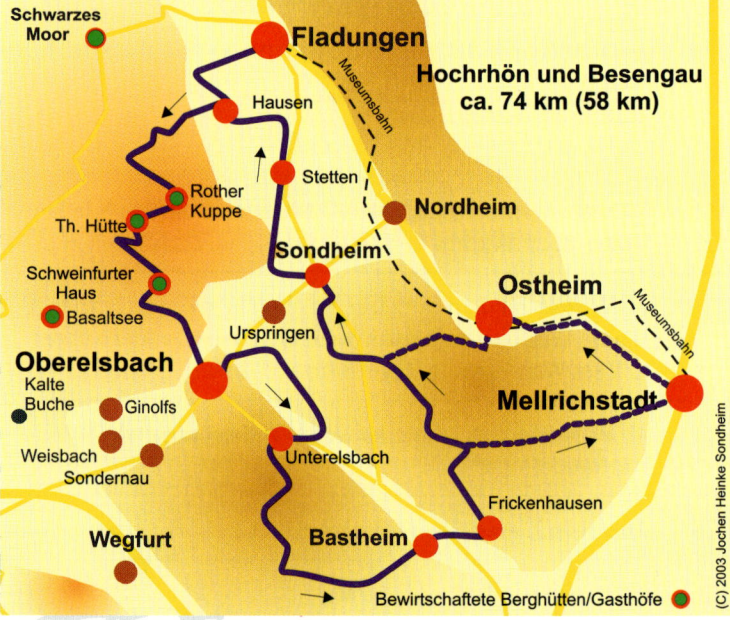

Hochrhön und Besengau
ca. 74 km (58 km)

(C) 2003 Jochen Heinke Sondheim

Bewirtschaftete Berghütten/Gasthöfe

Ausgangsort	Fladungen oberer Parkplatz am Freilandmuseum
Weitere Ausgangsorte	Oberelsbach, Schönau (Burgwallbach), Bastheim, Ostheim, Mellrichstadt, Sondheim

Streckenlänge	ca. 74 km (58,5 km)	
Kumulierte Höhendifferenzen	ca. 950 hm	
Schwierigkeiten	leichte MTB-Tour	
Wege	Natur- und Schotterwege, wenig Asphalt	
Markierung	Mountainbike-Routennetz, rotes Logo des Streutal - Radwanderweges, blaues Logo des Radfernweges Rhön-Sinntal	
Info	MTB-Routenkarte Rhön des Galli-Verlages	
Einkehr unterwegs	Rother Kuppe, Thüringer Hütte, Schweinfurter Haus	
Interessantes am Weg	Museen in Fladungen, Mellrichstadt und Ostheim, Gangolfsberg, Haus der Langen Rhön, Kirchenburg in Ostheim	
0	Fladungen (410 m)	MTB-Route Richtung Schwarzes Moor über Rüdenschwinden
2	Nächster Hww (500 m)	Radfernweg Richtung Bischofsheim
4	Hausen (446 m)	MTB-Route Richtung Schwarzes Moor
6,5	Eisgrabenbrücke (540 m)	MTB-Ostweg Richtung Bischofsheim
10,5	Rother Kuppe (675 m)	MTB-Ostweg Richtung Bischofsheim

12	Thüringer Hütte (700 m)	MTB-Ostweg Richtung Bischofsheim
14,5	Schweinfurter Haus (570 m)	MTB-Route Richtung Oberelsbach
19	Oberelsbach (400 m)	MTB-Route Richtung Ostheim
21	Hww am Hundsrücken (420 m)	MTB-Route Richtung Kreuzberg
27,5	Saueiche (394 m)	MTB-Route Richtung Bad Neustadt
30	nächster Hww	MTB-Route Richtung Ostheim
Hier Einstieg von Burgwallbach und Schönau: Ab Schönau MTB-Route Richtung Ostheim ca. 3 km		
35	Bastheim	MTB-Route Richtung Mellrichstadt
37	Frickenhausen (313 m)	MTB-Route Richtung Mellrichstadt
Alternative: ab Frickenhausen direkt nach Sondheim; Einsparung ca. 15,5 km		
47	Mellrichstadt	Streutal-Radwanderweg Richtung Ostheim
54,5	Ostheim (294 m) Lindencafe	MTB-Route Richtung Thüringer Hütte
62,5	Sondheim (Hww West)	Radfernweg Rhön-Sinntal nach Fladungen
74	**Ende der Tour in Fladungen am Museum**	

Hüttentouren

Früher gelangte man mangels eigenem Auto meist nur mit dem Zug in die Rhön - immerhin gab es in den 60er Jahren noch vier Nebenbahnen, die bis an die Hochrhön heran fuhren. Zu Fuß und mit Rucksack bestieg man die Berge und übernachtete in einer der zahlreichen Berghütten. Heute ist das alles ein wenig anders: Mit dem Auto fahren die meisten zu einem Parkplatz auf der Höhe und gehen dann spazieren wie zuhause im Stadtwald. Nostalgiker können das Outdoor-Erlebnis mit Übernachtung mitten in der Natur auch heute noch erleben: Die hessische Rhönbahn hat überlebt und auch auf der Bahnstrecke Schweinfurt-Erfurt gelangt man zur Rhön. Mit dem Mountainbike sind dann auf einer Tagestour alle Berghütten zu erreichen.

Seit mehr als 125 Jahren gibt es den Rhönklub und eine große Zahl seiner Zweigvereine besteht auch schon mehr als 100 Jahre. Wie auch beim Alpenverein war es ein Ziel der Rhönklubmitglieder, die Rhön durch Wanderwege, aber auch Wanderhütten auf den schönsten Höhen für die Wanderer zugänglich zu machen. Die Hütten wurden nach den Herkunftsorten der Zweigvereine benannt, die sie erbauten und noch heute betreuen und erhalten. Nicht alle Rhönklubhütten sind dauerhaft bewirtschaftet und für das Publikum zugänglich. Doch einige stehen auch den Mountainbikern zur Einkehr oder Übernachtung zur Verfügung.
Bei der Konzeption des MTB-Routennetzes wurde Wert darauf gelegt, dass alle bewirtschafteten Hütten und Hotels auch auf Mountainbike-Routen erreichbar sind: Mit Ausnahme der Hotels auf der Wasserkuppe liegen sie alle an der Hauptroute Ost.

- Im Bereich zwischen Fladungen und Bischofsheim liegen oberhalb von Oberelsbach die Rhönklubhütte Schweinfurter Haus und oberhalb von Bischofsheim der Holzberghof (Übernachtung erst ab 2 Tagen).
- Im nördlichen Bereich des Mountainbike-Netzes liegt oberhalb von Fladungen im Ortsteil Rüdenschwinden die Pension Weihersmühle und noch weiter nördlich auf dem thüringischen Ellenbogen ein Wanderheim.
- Im südlichen Bereich des MTB-Netzes befinden sich mit Neustädter Haus, Kissinger Hütte und Würzburger Haus gleich drei

Rhönklubhütten und mit dem Kloster Kreuzberg eine weitere interessante Übernachtungsmöglichkeit.

- Auf der Wasserkuppe gibt es die Hotels Peterchens Mondfahrt und Deutscher Flieger.

(18) Zweitagestour ab Bad Neustadt

mit Übernachtung in der Kissinger Hütte

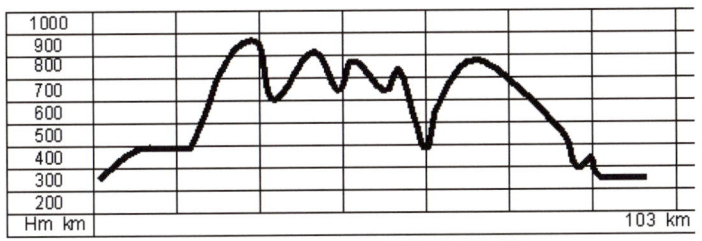

Streckenlänge	1. Etappe ca. 50 km 2.Etappe ca.55 km; insgesamt 105 km
Höhendifferenzen	1. Etappe ca. 1200 hm 2. Etappe ca. 650 hm
Schwierigkeiten	Mittelschwere MTB-Tour mit z. T. großen Höhenunterschieden
Wegeverhältnisse	Asphalt, Schotter, Naturwege
Einkehr-möglichkeiten	Holzberghof, Kreuzberg, Rhönklubhütten und Orte am Weg
Info	Mountainbike-Routenkarte Rhön des Galli-Verlages
Interessantes am Weg	NSG Schwarze Berge, Haus der Schwarzen Berge in Oberbach
Markierungen	Mountainbike-Routennetz
Variante	ca. 1, 5 km hinter dem Würzburger Haus Fahrt in das Sinntal auslassen und direkt weiter auf dem Westweg zum Guckaspass; Einsparung ca. 8, 5 km

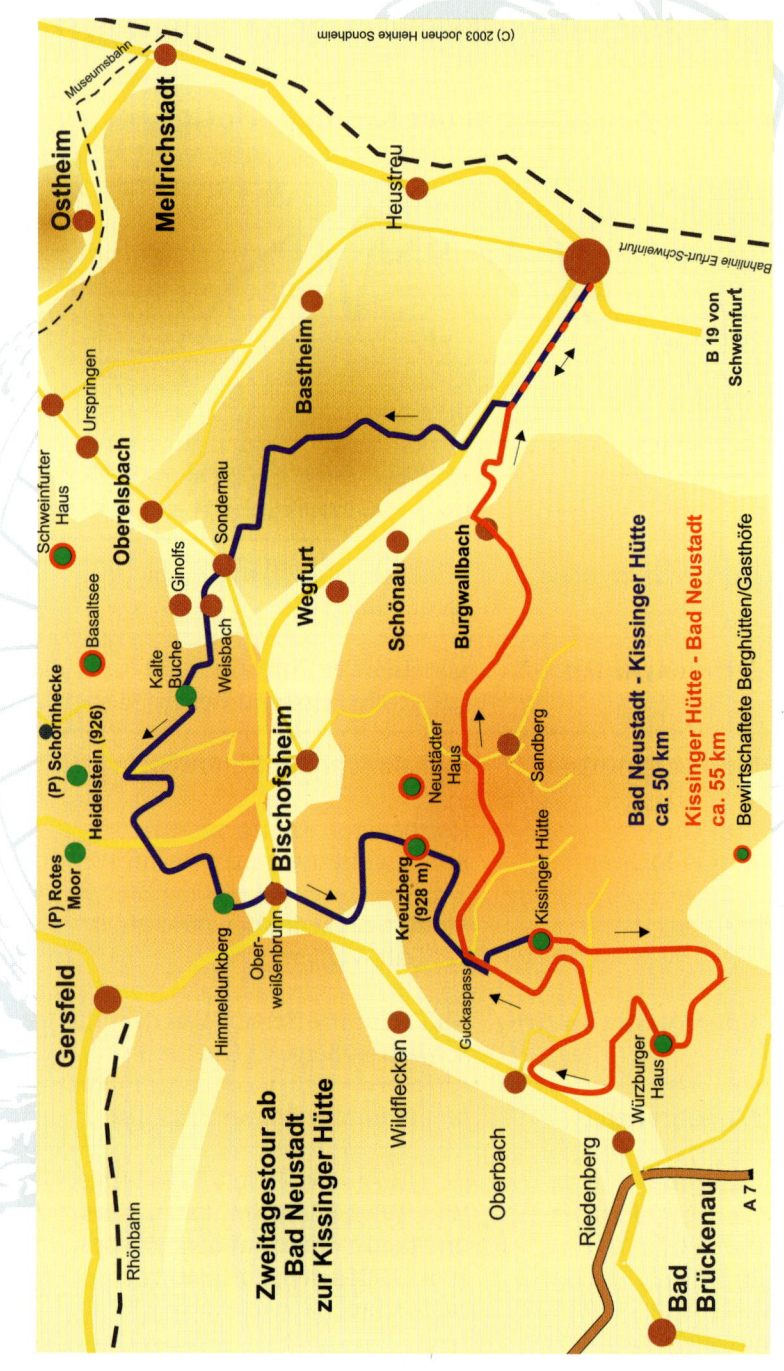

(C) 2003 Jochen Heinke Sondheim

Ostheim

Mellrichstadt

Museumsbahn

Heustreu

Bahnlinie Erfurt-Schweinfurt

B 19 von Schweinfurt

Bastheim

Urspringen

Oberelsbach

Schweinfurter Haus

Basaltsee

Sondernau

Wegfurt

Schönau

Burgwallbach

Ginolfs

Kalte Buche

Weisbach

(P) Schornhecke

Heidelstein (926)

(P) Rotes Moor

Bischofsheim

Neustädter Haus

Sandberg

Bad Neustadt - Kissinger Hütte ca. 50 km

Kissinger Hütte - Bad Neustadt ca. 55 km

Bewirtschaftete Berghütten/Gasthöfe

Gersfeld

Himmeldunkberg

Ober-weißenbrunn

Kreuzberg (928 m)

Kissinger Hütte

Guckaspass

Wildflecken

Würzburger Haus

Oberbach

Riedenberg

Rhönbahn

Zweitagestour ab Bad Neustadt zur Kissinger Hütte

Bad Brückenau

A 7

	Bad Neustadt – Brendlorenzen	
0	Feuerwehrhaus (240 m)	MTB-Route zur Kalten Buche
23,5	Kalte Buche (733 m)	MTB-Ostweg Richtung Bischofsheim bis Holzberghof
28	Holzberghof (772 m)	MTB-Route Richtung Gersfeld bis Parkplatz Schwedenwall
32	Parkplatz Schwedenwall (750 m)	MTB-Westweg bis Himmeldunkberg
34,5	Himmeldunkberg (886 m)	MTB-Route zum Kreuzberg
37	Oberweißenbrunn (645 m)	MTB-Route zum Kreuzberg
43	Kreuzberg (858 m)	MTB-Westweg bis zum Guckaspass (Parkplatz)
47	Guckaspass (660 m)	MTB-Ostweg zur Kissinger Hütte
50	**Ende der 1. Etappe an der Kissinger Hütte (832 m) Tel. 09701-286**	
50	Kissinger Hütte (832 m)	MTB-Ostweg zum Würzburger Haus
60	Würzburger Haus (785 m)	MTB-Westweg; beim Abzweig von der Asphaltstraße nach ca.1, 5 km weiter bergab fahren nach Riedenberg
65	Riedenberg (390 m)	Radfernweg Rhön-Sinntal nach Oberbach (Sinntal- aufwärts)
67,5	Oberbach (450 m) (Info-Zentrum Haus der Schwarzen Berge)	MTB-Route Richtung Würzburger Haus bis zur Einmündung auf MTB-Westweg

71,5	Einmündung (612 m)	MTB-Westweg bis zum Guckaspass
78	Guckaspass (660 m)	MTB-Route Richtung Burgwallbach/Bad Neustadt
94	Burgwallbach (317 m)	MTB-Route Richtung Bad Neustadt
105	**Ende der Tour am Feuerwehrhaus in Brendlorenzen**	

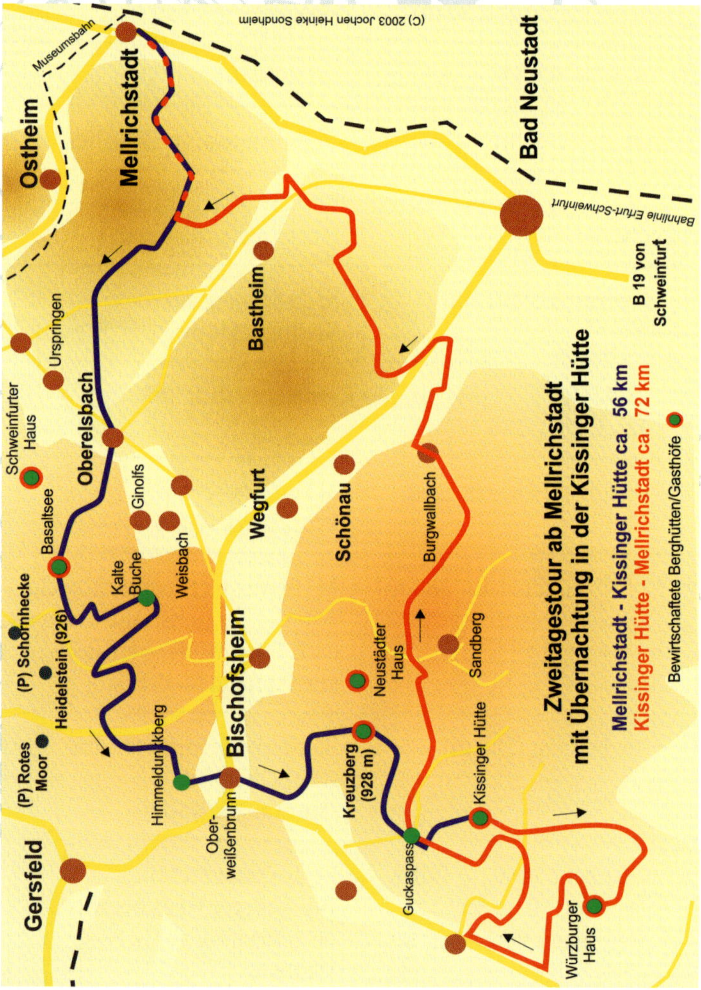

(19) Zweitagestour ab Mellrichstadt

mit Übernachtung in der Kissinger Hütte

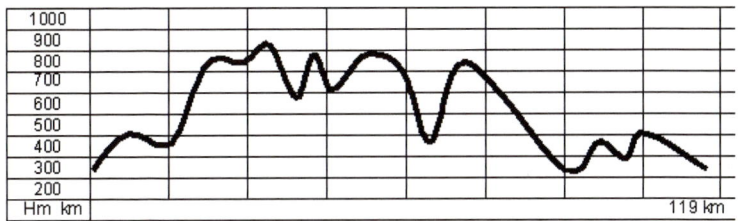

Streckenlänge	1. Etappe ca. 56 km, 2. Etappe ca. 72 km; insgesamt ca. 128 km
Höhendifferenzen	1. Etappe ca. 1500 hm, 2. Etappe ca. 1100 hm
Schwierigkeiten	schwere MTB-Tour mit großen Höhenunterschieden
Wegeverhältnisse	Asphalt, Schotter, Naturwege
Einkehrmöglichkeiten	Holzberghof, Kreuzberg, Rhönklubhütten und in allen Orten am Weg
Info	Mountainbike-Routenkarte Rhön des Galli-Verlages
Interessantes am Weg	Mittelhut, NSG Schwarze Berge, Haus der Schwarzen Berge in Oberbach
Markierungen	Mountainbike-Routennetz
Variante	Ca. 1, 5 km hinter dem Würzburger Haus Fahrt in das Sinntal auslassen und direkt weiter auf dem Westweg zum Guckaspass; Einsparung ca. 8, 5 km

0	Parkplatz Streuwiese (275 m)	MTB-Route zum Basaltsee
23	Basaltsee (742 m)	MTB-Ostweg Richtung Bischofsheim
32,5	Holzberghof (772 m)	MTB-Route Richtung Gersfeld
36,5	Parkplatz Schwedenwall (750 m)	MTB-Westweg
39	Himmeldunkberg (886 m)	MTB-Route zum Kreuzberg
40,5	Oberweißenbrunn (600 m)	MTB-Route zum Kreuzberg
49	Kreuzberg (858 m)	MTB-Westweg Richtung Würzburger Haus
53	Guckaspass (660 m)	MTB-Ostweg Richtung Würzburger Haus
56	**Ende der 1. Etappe an der Kissinger Hütte (832 m)**	
56	Kissinger Hütte (832 m)	MTB-Ostweg zum Würzburger Haus
65	Würzburger Haus (785 m)	MTB-Westweg; beim Abzweig von der Asphaltstraße nach ca.1, 5 km weiter bergab fahren nach Riedenberg
70	Riedenberg (390 m)	Radfernweg Rhön-Sinntal nach Oberbach (Sinntalaufwärts)
72,5	Oberbach (450 m)	MTB-Route Richtung Würzburger Haus bis Einmündung
77	Einmündung (612 m)	MTB-Westweg Richtung Bischofsheim

83,5	Guckaspass (660 m)	MTB-Route nach Mellrichstadt
100	Burgwallbach	MTB-Route nach Mellrichstadt
128	**Ende der Tour in Mellrichstadt**	

(20) Zweitagestour ab Bad Neustadt

Übernachtung im Eisenacher Haus (Ellenbogen)

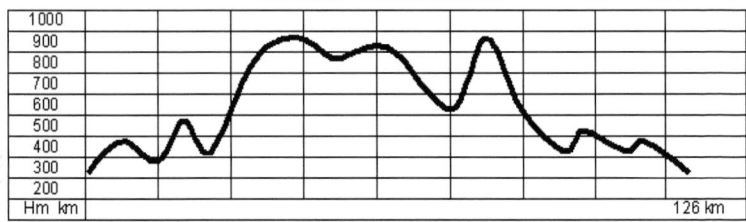

Streckenlänge	1. Etappe ca. 56 km, 2.Etappe ca. 70 km; insgesamt 126 km
Höhendifferenzen	1. Etappe ca. 1250 hm, 2. Etappe ca. 900 hm
Schwierigkeiten	Mittelschwere MTB-Tour
Wegeverhältnisse	Asphalt, Schotter, Naturwege
Einkehrmöglichkeiten	Thüringer Hütte, Rhönhof, Eisenacher Haus und in allen Orten am Weg
Info	Mountainbike-Routenkarte Rhön des Galli-Verlages
Markierungen	Mountainbike-Routennetz
Variante	Ab Bischofsheim auf Zielrouten Richtung Burgwallbach und Richtung Bad Neustadt durch das Brendtal
Alternative Übernachtung	In Fladungen Pension Weihersmühle, ca. 5 km oder Hotel Sonnentau, ca. 8 km, jeweils ab Schwarzem Moor

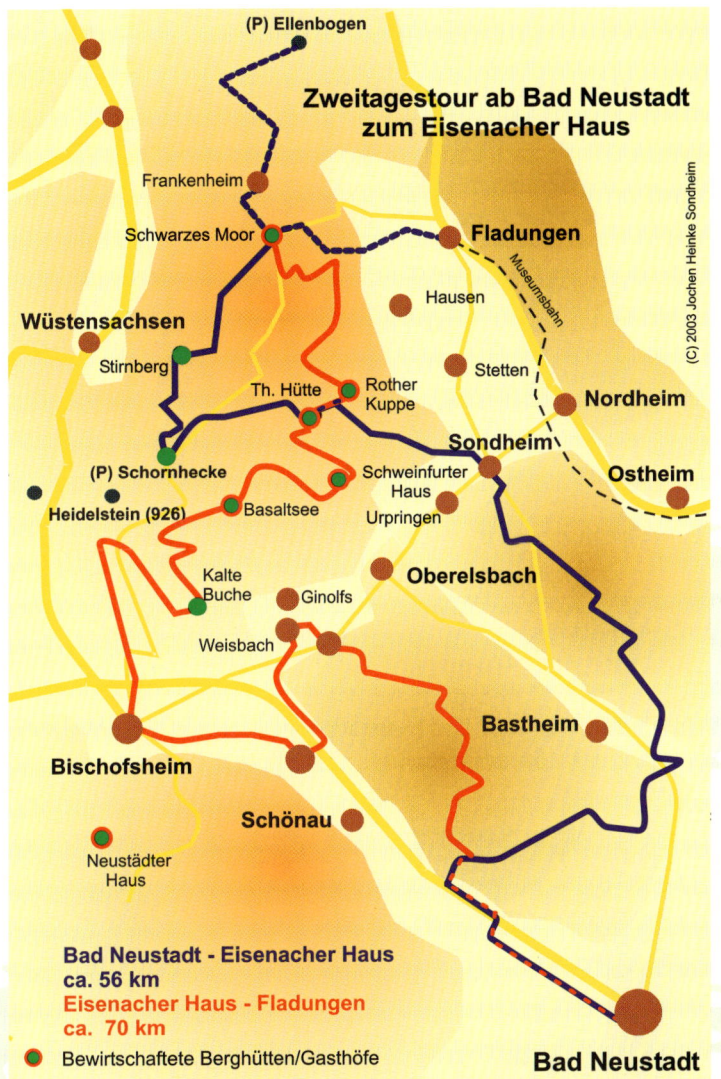

Zweitagestour ab Bad Neustadt zum Eisenacher Haus

(P) Ellenbogen

Frankenheim

Schwarzes Moor

Fladungen

Museumsbahn

(C) 2003 Jochen Heinke Sondheim

Hausen

Wüstensachsen

Stirnberg

Stetten

Th. Hütte

Rother Kuppe

Nordheim

Sondheim

Ostheim

(P) Schornhecke

Schweinfurter Haus

Heidelstein (926)

Basaltsee

Urpringen

Oberelsbach

Kalte Buche

Ginolfs

Weisbach

Bastheim

Bischofsheim

Schönau

Neustädter Haus

**Bad Neustadt - Eisenacher Haus
ca. 56 km
Eisenacher Haus - Fladungen
ca. 70 km**

● Bewirtschaftete Berghütten/Gasthöfe

Bad Neustadt

0	Feuerwehrhaus (240 m)	MTB-Route zur Thüringer Hütte
33	Thüringer Hütte (700 m)	MTB-Route nach Wüstensachsen bis Parkplatz Schornhecke
38,5	Schornhecke (828 m)	MTB-Westweg zum Schwarzen Moor

47	Schwarzes Moor (786 m)	MTB-Westweg zum Eisenacher Haus
56	**Ende der ersten Etappe am Eisenacher Haus Tel. 036946-32060,**	
	Eisenacher Haus (800 m)	MTB-Westweg zurück zum Schwarzen Moor
65	Schwarzes Moor (786 m)	MTB-Ostweg nach Bischofsheim
97	Bischofsheim (432 m)	MTB-Route nach Bad Neustadt bis Wegfurt
103	Wegfurt (344 m)	MTB-Route zur Rother Kuppe bis Weisbach Sportplatz
107,5	Weisbach Sportplatz (446 m)	MTB-Route nach Bad Neustadt
126	**Ende der Tour Bad Neustadt Parkplatz am Feuerwehr- haus in Brendlorenzen**	

(21) Drei Tage mit Gepäck und Bike durch die Hochrhön

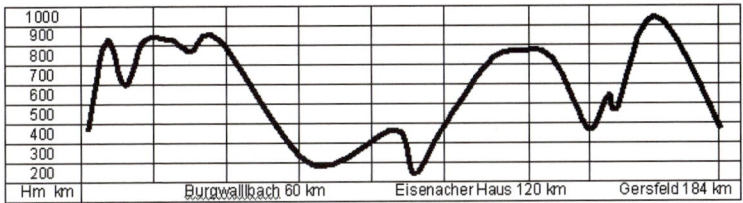

| Hm | km | | Burgwallbach 60 km | Eisenacher Haus 120 km | Gersfeld 184 km |

Streckenlänge	ca. 184 km
1. Etappe ca. 57,5 km	Gersfeld – Kreuzberg – Burgwallbach Übernachtung in Burgwallbach
2. Etappe ca. 54 km	Burgwallbach – Ostheim – Schwarzes Moor (Übernachtung im Berggasthof Sennhütte, Pension Weihersmühle)
3. Etappe ca. 72,5 km	Schwarzes Moor (Eisenacher Haus minus 9 km) -– Wüstensachsen – Wasserkuppe – Basaltsee – Gersfeld
Kumulierte Höhendifferenzen	ca. 4000 hm
Markierung	Mountainbike-Routennetz Hohe Rhön
Wege	Schotterwege, Asphalt, einige Naturwege
Schwierigkeiten	Konditionell schwierige Tour auf überwiegend befestigten Wegen
Einkehr-möglichkeiten	in Rhönklubhütten und Orten am Weg

Map: Drei Tage mit Gepäck und Bike durch die Hohe Rhön

Drei Tage mit Gepäck und Bike durch die Hohe Rhön

Hilders · (P) Ellenbogen · Milseburg · Batten · Frankenheim · Seiferts · Fladungen · Hausen · Wüstensachsen · Stirnberg · Stetten · Wasserkuppe (950m) · Nordheim · Rother Kuppe · Th. Hütte · Schweinfurter Haus · Sondheim · Schornhecke · Ostheim · Gersfeld · Rotes Moor · Heidelstein · Basaltsee · Urspringen · Mellrichstadt · Kalte Buche · Ginolfs · Oberelsbach · Himmeldunkkberg · Weisbach · Ober-weißenbrunn · Bischofsheim · Wegfurt · Bastheim · Frickenhausen · Kreuzberg (928 m) · Neustädter Haus · Schönau · Heustreu · Guckaspass · Burgwallbach · Kissinger Hütte · Sandberg · Bad Neustadt · Würzburger Haus

Gersfeld - Burgwallbach ca. 57,5 km
Burgwallbach - Schwarzes Moor ca. 54 km
Schwarzes Moor - Gersfeld ca. 72,5 km

Bewirtschaftete Berghütten/Gasthöfe

B 19 von Schweinfurt

(C) 2003 Jochen Heinke Sondheim

Karte	Mountainbike-Routenkarte Rhön des Galli-Verlages ISBN 3-931944-83-2
Infos zum Mountainbiking in der Rhön	www.radl-rhoen.de und www.rhoenline.de
Orte an oder in der Nähe der Route (alternativer Einstieg)	Bischofsheim, Platz, Geroda, Burgwallbach, Schönau, Bad Neustadt, Bastheim, Mellrichstadt, Ostheim, Sondheim, Oberelsbach, Fladungen, Hilders, Wüstensachsen

Übernachtungsmöglicheiten an der Route:
Gasthof Mühlengrund Oberweißenbrunn; Tel. 09772-445;
Würzburger Haus Tel. 09749-230; Kissinger Hütte Tel. 09701-286;

Hotel Waldesruh Burgwallbach Tel. 09775-8080; Hotel Kaak
Ostheim Tel. 09777-570; Pension Bahrablick, Sondheim
Tel. 09779-237; Pension Hergenhan, Oberelsbach-Sondernau
Tel. 09774-1219 Schweinfurter Haus Tel. 09774-590; Weihersmühle
Fladungen Tel. 09778 -356. Hotel Sonnentau Fladungen
Tel 09778 - 91220

1. Etappe		
km	Bahnhof Gersfeld (488 m)	MTB-Route Richtung Kreuzberg
6	Himmeldunkberg (888 m)	MTB-Route Richtung Kreuzberg
10	Oberweißenbrunn (600 m)	MTB-Route Richtung Kreuzberg
18,5	Kreuzberg Kloster (858 m)	MTB-Westweg zum Würzburger Haus
22,5	Guckaspass (663 m)	MTB-Westweg zum Würzburger Haus
32	Würzburger Haus (785 m)	MTB-Ostweg Richtung Bischofsheim
41	Kissinger Hütte (830 m)	MTB-Route Richtung Burgwallbach
44	Guckaspass (663 m)	MTB-Route Richtung Burgwallbach
57,5	**Ende der ersten Etappe in Burgwallbach Hotel Waldesruh Tel. 09775-8080**	
2. Etappe		
km	Burgwallbach (320 m)	MTB-Route Richtung Bischofsheim

5	Schönau (312 m)	MTB-Route Richtung Ostheim
26	Ostheim (293 m)	MTB-Route Richtung Oberelsbach
35,5	Oberelsbach (403 m)	MTB-Route Richtung Schweinfurter Haus
41	Schweinfurter Haus (570 m)	MTB-Ostweg zum Schwarzes Moor
54	**111,5**	**Ende der 2. Etappe am Schwarzen Moor (786 m)**
	3. Etappe	
km	Schwarzes Moor (786 m)	MTB-Route Richtung Eisenacher Haus
9	Eisenacher Haus (732 m)	MTB-Route Richtung Hilders

17	Hilders (432 m)	MTB-Route Richtung Wüstensachsen
29	Wüstensachsen (570 m)	MTB-Route Richtung Wasserkuppe
38,5	Wasserkuppe (Zentrum 910 m)	MTB-Route Richtung Fladungen
45	Rotes Moor (808 m)	MTB-Route Richtung Fladungen
47	Heidelstein (926 m)	MTB-Route
49	Parkplatz Schornhecke (828 m)	Straße Richtung Oberelsbach (ohne Markierung) bis zu einem freistehenden Haus rechts
51,5	hier rechts auf die MTB-Route einbiegen	
53	Basaltsee (715 m)	MTB-Ostroute Richtung Bischofsheim
63	Holzberghof (772 m)	MTB-Route Richtung Gersfeld
72,5	**184**	**Ende der Tour in Gersfeld (488 m) am Bahnhof**

Mountainbike-Marathon über die Höhen der Rhön

Die beiden Mountainbike Hauptrouten Ost und West (Ostweg und Westweg) führen in Nord-Süd-Richtung über die höchsten Berge und Hochflächen der Rhön. Für „Konditionsbären" sicher mal eine Herausforderung, die Strecke an einem Tag zurückzulegen.

Nur zu, doch bitte beachten Sie auf Ihrer Tour, dass auch noch Fußgänger auf den Wegen unterwegs sind und verringern Sie bei der Vorbeifahrt Ihr Tempo. Und vergessen Sie nicht, dass Sie durch eine der schönsten Landschaften Deutschlands fahren. Halten Sie ruhig ab und zu einmal an und lassen Sie die Landschaft auf sich wirken. Hin- und zurück bedeutet übrigens nicht, dass man die gleiche Strecke zweimal fahren muss: West- und Ostweg lassen sich gut kombinieren. Auch in Ost-West-Ost-Richtung führen Mountainbike-Routen über die Hohe Rhön. Zwei Marathon-Touren verbinden Hessen mit Bayern und führen über die Wasserkuppe, den höchsten Gipfel der Rhön, zur sagenumwogenen Milseburg.

(22) Auf den Mountainbike-Hauptwegen über die Hohe Rhön:

Von Fladungen zum Würzburger Haus und zurück

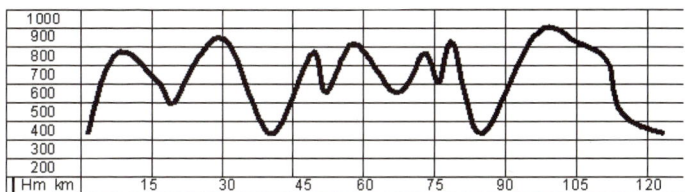

Entfernung	insgesamt 122 km
Kumulierte Höhendifferenzen	ca. 3000 hm
0 Fladungen (410 m)	MTB-Route zum Schwarzen Moor über Rüdenschwinden (alternativ über den Salkenberg, ca. 8 km länger
7,5 Schwarzes Moor (786 m)	MTB-Ostweg nach Bischofsheim
40,5 Bischofsheim (432 m)	MTB-Ostweg zum Würzburger Haus Einkehr und Übernachtung: Würzburger Haus oder Berghaus Rhön
66,5 Würzburger Haus (785 m)	MTB-Westweg nach Bischofsheim
87,5 Bischofsheim (432 m)	MTB-Westweg zum Schwarzen Moor
114,5 Schwarzes Moor (786 m)	MTB-Route nach Fladungen über Rüdenschwinden
122 Fladungen (410 m)	

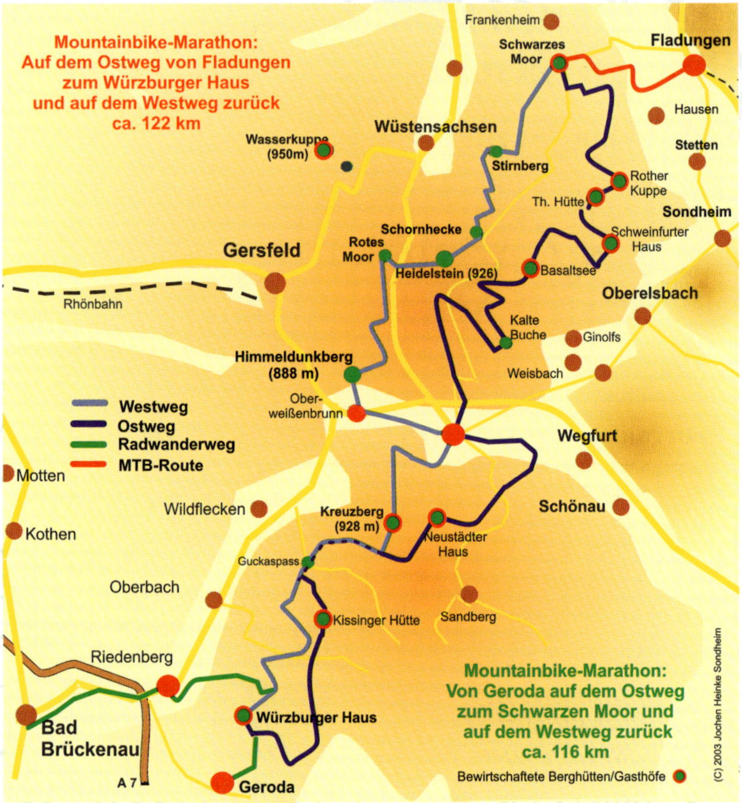

Map showing mountain bike routes over the Hohe Rhön.

Mountainbike-Marathon:
Auf dem Ostweg von Fladungen
zum Würzburger Haus
und auf dem Westweg zurück
ca. 122 km

Frankenheim

Schwarzes
Moor

Fladungen

Hausen

Wüstensachsen

Stetten

Wasserkuppe
(950m)

Stirnberg

Rother
Kuppe

Th. Hütte

Sondheim

Schornhecke

Schweinfurter
Haus

Gersfeld

Rotes
Moor

Heidelstein (926)

Basaltsee

Oberelsbach

Rhönbahn

Kalte
Buche

Ginolfs

Himmeldunkberg
(888 m)

Weisbach

Ober-
weißenbrunn

Legend:
— Westweg
— Ostweg
— Radwanderweg
— MTB-Route

Wegfurt

Motten

Wildflecken

Kreuzberg
(928 m)

Schönau

Kothen

Neustädter
Haus

Guckaspass

Oberbach

Kissinger Hütte

Sandberg

Riedenberg

Mountainbike-Marathon:
Von Geroda auf dem Ostweg
zum Schwarzen Moor und
auf dem Westweg zurück
ca. 116 km

Bad
Brückenau

Würzburger Haus

Bewirtschaftete Berghütten/Gasthöfe

A 7

Geroda

(C) 2003 Jochen Heinke Sondheim

(23) Auf den Mountainbike-Hauptwegen über die Hohe Rhön:

Von Geroda zum Schwarzen Moor und zurück

Diese „Marathon-Tour" lässt sich gut mit der Anfahrt auf der Autobahn A 7 verbinden, denn die Startorte Geroda, Schondra und Platz liegen in unmittelbar Nähe der Autobahnausfahrt Bad Brückenau/Wildflecken bzw. des Kurorts Bad Brückenau. Auch sie lässt sich bis zum Ellenbogen um ca. 3 km verlängern: Ab dem Schwarzen Moor auf der MTB-Route zum Eisenacher Haus (Einkehr und Übernachtung).

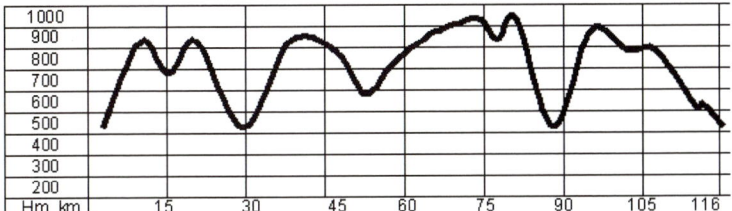

Entfernung		insgesamt 116 km
Kumulierte Höhendifferenzen		ca. 3300 hm
0	Geroda (440 m)	Radwanderweg Nr. 3 des Radwander-netzes Lk Bad Kissingen (weißes Schild mit grünem Radsymbol) alternativ ab Schondra (+ ca. 7 km), Schildeck (+ ca. 4 km) und Riedenberg (+ ca. 5,5 km)
4,5	Würzburger Haus (785 m)	MTB-Ostweg nach Bischofsheim
30,5	Bischofsheim (432 m)	MTB-Ostweg zum Schwarzen Moor Einkehr: Rhönhof, Einkehr und Über-nachtung: Berggasthof Sennhütte; Pension Weihersmühle in Fladungen
63,5	Schwarzes Moor (786 m)	MTB-Westweg nach Bischofsheim
90,5	Bischofsheim (432 m)	MTB-Westweg zum Würzburger Haus
111,5	Würzburger Haus (785 m)	Radwanderweg Nr. 1 des Radwander-netzes Lk Bad Kissingen (weißes Schild mit grünem Radsymbol)
116	**Geroda (440 m)**	

(24) Auf Mountainbike-Routen über die Hohe Rhön:

Von Bad Neustadt zur Milseburg und zurück

Diese Marathon-Tour verläuft in Ost-West-Richtung. Von Bad Neustadt geht es zum derzeit westlichsten Punkt des markierten MTB-Routenetzes, der sagenumwobenen Milseburg. (siehe auch Tour 12).

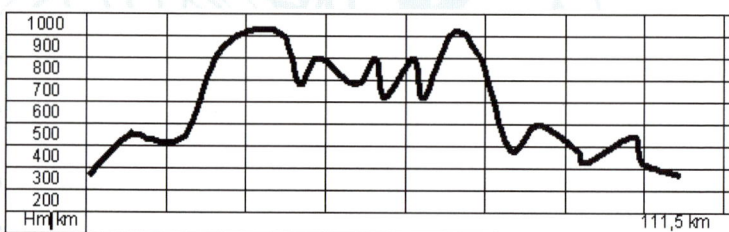

Entfernung		insgesamt 122 km
Kumulierte Höhendifferenzen		ca. 2100 m
0	Bad Neustadt (240 m)	MTB-Route zur Kalten Buche
23,5	Kalte Buche (733 m)	MTB-Ostweg zum nächsten Hww am Münzkopf
26,5	Münzkopf (804 m)	MTB-Route Richtung Wasserkuppe
37	Wasserkuppe (910 m)	Zurück bis Fuldaquelle
38	Fuldaquelle (850 m)	MTB-Route Richtung Milseburg
	Reulbach (628 m)	MTB-Route Richtung Milseburg

51,5	Milseburg (700 m)	MTB-Route Richtung Wüstensachsen.
55	Reulbach (628 m)	MTB-Route Richtung Wüstensachsen
67,5	Wüstensachsen (570 m)	MTB-Route Richtung Schornhecke
73,5	Schornhecke (828 m)	MTB-Route Richtung Thüringer Hütte
78,5	Thüringer Hütte (700 m)	MTB-Route nach Bad Neustadt
111,5	**Bad Neustadt**	

(25) Auf Mountainbike-Routen über die Hohe Rhön:

Von Mellrichstadt und Ostheim zur Milseburg

Auch diese Marathon-Tour verläuft in Ost-West-Richtung. Von den östlichsten Punkten des MTB-Routennetzes, Mellrichstadt und Ostheim v.d. Rhön geht es zum derzeit westlichsten Punkt des markierten MTB-Routennetzes, der sagenumwogenen Milseburg. (siehe Tour 12)

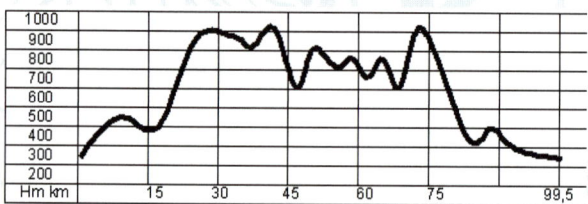

Streckenlänge	99,5 km
Kumulierte Höhendifferenzen	ca. 2100 hm
0 Mellrichstadt (275 m)	MTB-Route zum Basaltsee
Alternativ ab Ostheim (294 m)	MTB-Route zum Basaltsee 15,5 km
23 Basaltsee (742 m)	MTB-Ostweg zum übernächsten Hww (am Münzkopf)
35 Münzkopf (804 m)	MTB-Route Richtung Wasserkuppe
43,5 Wasserkuppe (910 m)	Zurück bis Fuldaquelle
44,5 Fuldaquelle (850 m)	MTB-Route Richtung Milseburg
49 Reulbach (628 m)	MTB-Route Richtung Milseburg

58	Milseburg (700 m)	MTB-Route Richtung Wüstensachsen.
	Reulbach (628 m)	
75	Wüstensachsen (570 m)	MTB-Route Richtung Schornhecke
80	Schornhecke (628 m)	MTB-Route Richtung Thüringer Hütte
87,5	Thüringer Hütte (700 m)	MTB-Route nach Ostheim
92	Ostheim	Streutalradweg nach Mellrichstadt
99,5	**Mellrichstadt**	

Nützliche Informationen zur Planung individueller Touren

Mit Bahn, Mountainbike und Gepäck von den Rhöner Bahnhöfen zu einzelnen Orten in der Hohen Rhön

Ein Anreiz, mit Bike und Rucksack anzureisen, ist die kostenlose Fahrradmitnahme in vielen Zügen. **Mit zwei Bahnlinien kann man die Rhön erreichen:** Ab Fulda mit der Rhönbahn nach Gersfeld und aus dem mainfränkischen und südthüringischen Raum, also aus Bamberg, Würzburg und Schweinfurt sowie Eisenach/ Meiningen und Erfurt auf der Strecke Schweinfurt – Erfurt nach Mellrichstadt und Bad Neustadt/Saale. Bei der Anreise nachmittags kann man am gleichen Tag fast alle Orte der Rhön und fast alle Rhönklubhütten auf Mountainbike-Routen erreichen. Die Entfernungen entnehmen Sie bitte der nachstehenden Tabelle.

Verlauf und Entfernungen auf MTB-Routen ab Bahnhof Gersfeld:

Nach Bischofsheim (> Neustädter Haus):
Direkt auf der MTB-Route — 16,5 km

Nach Burgwallbach:
Auf der MTB-Route nach Bischofsheim; weiter auf der MTB-Route Richtung Burgwallbach — 30 km

Nach Fladungen: Direkt auf der MTB-Route — 25 km

Nach Hilders: Direkt auf der MTB-Route — 20 km

Nach Oberelsbach (> Schweinfurter Haus):
Direkt auf der MTB-Route — 25,0 km

Nach Ostheim:
Auf der MTB-Route Richtung Fladungen bis zum Parkplatz Schornhecke; weiter auf der MTB-Route nach Sondheim. Ab Sondheim auf der MTB-Route nach Ostheim. — 27,5 km

Nach Sondheim:
Auf der MTB-Route Richtung Fladungen bis zum
Parkplatz Schornhecke; weiter auf der MTB-Route
nach Sondheim. 20,0 km

**Zur Kissinger Hütte und zum Würzburger Haus
(südlichster Punkt des MTB-Netzes):**
Auf der MTB-Route nach Bischofsheim;
weiter auf dem Ostweg. 27 bzw. 38 km

Nach Wüstensachsen: Direkt auf der MTB-Route 16 km

Verlauf und Entfernungen auf den MTB-Routen ab Bad Neustadt-Brendlorenzen (Feuerwehrhaus):

Nach Bischofsheim (> Neustädter Haus):
Direkt auf der MTB-Route 20 km

Nach Burgwallbach:
Direkt beschildert: Auf der MTB-Route 7,5 km

Nach Fladungen:
MTB-Route zur Thüringer Hütte; dort weiter auf
dem Ostweg Richtung Schwarzes Moor; weiter auf
der MTB-Route nach Fladungen 49 km

Nach Oberelsbach (> Schweinfurter Haus):
MTB-Route Richtung Basaltsee 23 km

Nach Ostheim: Direkt auf der MTB-Route 27,5 km

Nach Sondheim:
MTB-Route Richtung Thüringer Hütte 26 km

**Zur Kissinger Hütte und zum Würzburger Haus
(südlichster Punkt des MTB-Netzes):**
MTB-Route zur Kissinger Hütte, weiter auf dem
Ostweg zum Würzburger Haus 30 bzw. 39 km

Orts- und Tourenregister, Höhenangaben und Standorte von Mountainbike-Hauptwegweisern

Zur besseren Übersicht und zur Erleichterung der individuellen Tourenplanung habe ich in der Tabelle alphabetisch die Orte und die durch sie hindurchführenden Touren aufgeführt. Dazu die Standorte der jeweiligen Hauptwegweiser mit der Angabe der Höhe.

Orte	Tour Nr.	Standort des Hauptwegweisers	Höhe ü.NN
Abtsroda	12, 15, 24, 25	Straße zur Wasserkuppe	697
Abtsroda Weihersberg		Kein Hww	760
Bad Brückenau	5	Kein Hww	330
Bad Neustadt-Brendlorenzen	1, 2, 3, 11, 19, 20	Parkplatz Nähe Feuerwehrhaus	240
Basaltsee	1, 2, 3, 8, 17, 20, 21, 22, 23, 25	Parkplatz	715
Basaltsee Nord		Abzweig nach Oberelsbach	742
Bastheim	2, 3, 14, 20, 21, 25	kein Hww	284
B.-Wechterswinkel	s.o.	Kein Hww	260
Bischofsheim	2, 3, 4, 6, 8, 10, 11, 20, 21, 22	Zentraler Parkplatz	432
Bischofsheim-Frankenheim	s.o.	Richtung Oberweißenbrunn	511
Bischofsheim-Haselbach	s.o.	Linde	470
Bischofsheim-Oberweißenbrunn Nord	1, 7, 8, 9, 22	Nähe Jugendzeltplatz	600
Bischofsheim-Oberweißenbrunn Süd	s.o.	Abzweig vom Radfernweg	645
Bischofsheim-Unterweißenbrunn	s.o.	Nähe Mariengrotte	392
Bischofsheim-Wegfurt	s.o.	Ortsmitte	344
Bischofsheim-Wegfurt Richtung Kreuzberg	s.o.	Einmündung auf Ostweg	500
Burgwallbach	2, 3, 11, 14, 21	Bushaltestelle	317
Ehrenberg-Wüstensachsen	4, 12, 13, 14, 21, 24, 25	Kirche	570
E.-Reulbach	s.o.	Ortsmitte	570
E. Reulbach	s.o.	Vzwg. nach Hilders	628 m
E.-Reulbach	s.o.	Vzwg. zur Wasserkuppe	700 m
E.-Seiferts	s.o.	Ulstertalradweg	513
Eisgrabenbrücke		Nordseite	540
Elsbachbrücke	1, 2, 8, 3, 17, 21, 22, 25	Nordseite	534
Ellenbogen	14, 20, 21	Gabelmann	800
Eiserne Hand	2, 3, 11, 14, 18, 21	Nähe Salzforststraße	500
Fladungen	2, 3, 8, 9, 10, 14, 13, 18, 20, 22, 23	Oberer Parkplatz Freilandmuseum	410
F.-Rüdenschwinden	s.o.	Straße nach Hausen	500
Frankenheim (Thür.)	1, 14, 20, 21	Kreuzung Ortsmitte	750
Frankenheim Nordost		Landesgrenze	773
Fulda	15, 16		250
Fuldaquelle	1, 12, 14, 15, 21, 24, 25	Straße	850
Geroda	1, 4, 21		440
Gersfeld	1, 2, 3, 5, 6, 7, 15, 21	Bahnhof	488
Gersfelder Loipenhaus	1, 2, 3, 8, 14, 15, 21, 22, 23, 24, 25	Wegspinne	844
Grabenhöfchen	12, 15, 16, 24, 25	Nähe Straße	690
Guckaspass	1, 4, 5, 18, 19, 21, 22, 23	Parkplatz	660
Hausen	8, 9, 10, 17	Rathaus	446
Heidelstein	1, 2, 3, 9, 14, 15, 20, 21, 22, 23, 24	Kein Hw	926
Hillenberg	s.o.	Parkplatz	650
H.-Hillenberg Nord (Straße nach Hausen)	s.o.	Abzweig zum Eisgraben	670

H.-Roth	2	Brauerei	482
Hilders	2, 11, 12, 14, 21	Gemeindezentrum	440
Hilders Buchschirmberg		Kein Hww	745
Nähe Buchschirmberg		Abzweig nach Batten	743
H.-Batten	s.o.	Kein Hww	460
H.-Findlos	s.o.	Nähe Bundesstraße	460
H.-Wickers	s.o.	Richtung Reulbach	490
Himmeldunkberggipfel	1, 7, 8, 6, 18, 19, 21, 22, 23	Kein Hww	886
Himmeldunkberg		Rastplatz	860
Hohenroth		Freizeitanlage Kalter Rasen	295
Holzberghof	1, 2, 3, 7, 20, 22	Nähe Eingang	772
Hundsrücken Ost		Parkplatz am Kaffenberg	418
Hundsrücken West		Abzweig nach Sondheim	426
Kalte Buche (Mittelhut)	1, 2, 3, 17, 18, 20, 21, 22, 23, 24, 25	östlich Mittelhut	733
Kissinger Hütte	1, 4, 5, 18, 19, 21, 22, 23	Südseite	832
Kreuzberg	1, 4, 5, 18, 19, 21, 22, 23	Biergarten	858
Kreuzberg Nord		Nähe Straße nach Oberwildflecken	715
Kreuzberg Ost		Wegspinne	830
Mellrichstadt	1, 2, 3, 11, 17, 19	Parkplatz Streuwiese	275
M.-Frickenhausen	17, 19	Unteres Ortsende	313
Milseburg	24	Danzwiesen	700
Mittelhut (Kalte Buche)	1, 4, 18, 19, 20, 21, 22, 23, 24, 25	Westlich Kalte Buche	733
Münzkopf	1, 2, 3, 7, 20, 21, 22, 23, 24, 25	Nähe Hochrhönstraße	804
Neustädter Haus	1, 4, 18, 21,22	Wegspinne	750
Neustädter Haus Ost		Abzweig Richtung Hohenroth	693
Oberbach	1, 4, 18	Haus der Schwarzen Berge	450
Oberbach Nähe Ziegelhütte	1, 4, 18, 21, 22, 23	Einmündung auf Westweg	615
Oberelsbach	2, 2, 3, 8, 11, 17, 21, 24, 25	Haus der Langen Rhön	400
Oberelsbach	s.o.	Hundsrücken	442
Oberelsbach	s. o.	Rhönstraße	415
O.-Ginolfs	s.o.	Kein Hww	482
O.-Unterelsbach	s.o.	Kein Hww	350
O.-Weisbach	s.o.	Linde	460
O.-Weisbach/Sondernau	s.o.	Sportplatz Nähe Schule	446
Ostheim	1, 2, 3, 11, 13, 21, 25	Haltestelle der Museumsbahn	294
Ostheimer Warte	s. o.	Kein Hww	428
Querenberg		Straße nach Seiferts	800
Rehberg		Kein Hww	385
Riedenberg	1, 4, 5, 18	kein Hww	390
Rhönhof	1, 2, 3, 8, 9, 10, 13, 20, 22, 23	Kein Hww	790
Rotes Moor	1, 2, 3, 7, 8, 14, 15, 21, 22, 23, 24	Wegspinne	808
Rotes Moor Ost		Wegspinne	797
Rother Kuppe	1, 2, 3, 10, 17, 20, 21, 22, 23, 24, 25	Parkplatz	675
Salkenberg		Kein Hww	765
Saueiche		Abzweig Bad Neustadt	394
Schönau	2, 3, 11, 13, 20, 21	Nähe Kirche	318
Schönauer Forst		Wegspinne	387
Schornhecke	1, 2, 3, 14, 20, 21, 22, 23, 24, 25	Parkplatz	828
Schwarzes Moor	1, 2, 3, 9, 10, 14, 19, 20, 21, 22, 23	Nähe Kiosk	786
Schwedenschanze (B 279)		Kein Hww	712
Schwedenwall	1, 6, 7, 8, 18, 19, 20, 21, 22, 23	Parkplatz	750
Schwedenwall Ost		Einmündung	770
Schweinfurter Haus	1, 2, 3, 10, 11, 17, 20, 21, 22, 23	Wegspinne	570
Schweinsberger Forst		Wegspinne Nähe Kreisstraße	390
Sondheim Ortsmitte	2, 3, 8, 10, 17, 20, 24, 25	Bahrabrücke	355
Sondheim West		Kreuzung mit Radfernweg	405
Parkplatz Steinkopf		Straße	670
Stetten	8, 10, 17	Nähe Schützenhaus	400
Stirnberg Ost		Abzweig nach Stetten	876
Stirnberg West		Abzweig nach Wüstensachsen	860
Thüringer Hütte	1, 2, 3, 10, 11, 13, 20, 21, 22, 23, 24, 25	Nähe Skilift	700
Ulsterquelle		Kein Hww	810
Urspringen	8, 10,	Kein Hww	
Wasserkuppe	1, 6, 24, 25	Info-Zentrum	910
Windberg		Nähe Kreisstraße	443
Würzburger Haus	1, 4, 5, 18, 19, 21, 22, 23	Parkplatz	785

Touristische Informationen

Aktuelle Informationen zum Mountainbiking in der Rhön finden Sie im Internet unter:
www.mountainbike.rhoen.de und www.rhoenline.de

Tourist-Information Rhön:
Spörleinstraße 11 97616 Bad Neustadt
Tel. 09771-94-0
E-Mail: touristr@rhoen-grabfeld.de

Tourist-Information Rhön:
Haus der Schwarzen Berge 97772 Wildflecken-Oberbach
Tel. 09749-91220
E-Mail: tourismus@info-rhoen-saale.de

Rhön-Info Zentrum Wasserkuppe:
36129 Gersfeld, Tel. 06654-918340
E-Mail: rhoen-info-zentrum@rhoen.de

Thüringische Rhön Tourist-Information:
Schlosshof 4, 36452 Kaltennordheim
Tel. 036966-812 20
E-Mail: rhoen-tourismus.tir.kano@t-online.de

Fahrradreparatur und Verleih

Bad Neustadt Fahrrad-Wolf Saalestraße 24
Tel. 09771- 68897-12
Radsport Raab, Tel. 09771- 2570

Bischofsheim Sport-Walter Tel. 09772-7133

Ehrenberg Fa. Gilbert, Tel. 06683-19340 (Rep) Tourist-
Info 06683- 960116

Fladungen Fa. Hückl Tel. 09778-356
(auch Fahrrad-Transport möglich)
Gersfeld Drahteselklinik am Bahnhof Tel. 06654-7595
oder 215 (auch Fahrrad-Transport möglich)

Mellrichstadt Radsport Büttner Tel. 09776-09776-9687;
Hotel Sturm Tel. 09776-81800
Aral-Tankstelle

Ostheim Fahrrad-Hodermann Tel. 09777-1577

Übernachtungsmöglichkeiten

(Auswahl)

Würzburger Haus	Tel. 09749-230
Kissinger Hütte	Tel. 09701-286
Neustädter Haus	Tel. 09772-1220
Schweinfurter Haus	Tel. 09774-590

Bischofsheim-Oberweißenbrunn:
Gasthof Mühlengrund — Tel. 09772-445
Burgwallbach: Hotel Waldesruh — Tel. 09775-8080
Fladungen: Hotel Sonnentau — Tel. 09778-9122-0
Fladungen:
Pension Ferienwohnungen Weihersmühle — Tel. 09778-356
Kaltensundheim:
Gasthof zur Guten Quelle — Tel. 03 6946-3850
Mellrichstadt: Hotel Sturm — Tel.: 0 97 76-8180-0
Oberelsbach-Sondernau:
Pension Hergenhan — Tel. 09774-1219
Ostheim: Hotel Kaak — Tel. 09777-570
Sondheim/Rhön: Pension Bahrablick — Tel. 09779-237